Juan Ruiz de Alarcón

Todo es ventura

Barcelona **2024**
Linkgua-ediciones.com

Créditos

Título original: Todo es ventura.

© 2024, Red ediciones S.L.

e-mail: info@linkgua.com

Diseño de cubierta: Michel Mallard.

ISBN rústica: 978-84-9816-311-7.
ISBN ebook: 978-84-9897-937-4.

Sumario

Brevísima presentación

La vida

Juan Ruiz de Alarcón y Mendoza (1581-1639). México.

Nació en México y vivió gran parte de su vida en España. Era hijo de Pedro Ruiz de Alarcón y Leonor de Mendoza, ambos con antepasados de la nobleza. Estudió abogacía en la Real y Pontificia Universidad de la Ciudad de México y a comienzos del viajó a España donde obtuvo el título de bachiller de cánones en la Universidad de Salamanca. Ejerció como abogado en Sevilla (1606) y regresó a México a terminar sus estudios de leyes en 1608.

En 1614 volvió otra vez a España y trabajó como relator del Consejo de Indias. Era deforme (jorobado de pecho y espalda) por lo que fue objeto de numerosas burlas de escritores contemporáneos como Francisco de Quevedo, que lo llamaba «corcovilla», Félix Lope de Vega y Pedro Calderón de la Barca.

Personajes

Alguaciles
Belisa, dama
Castro, escudero de Leonor
Celia, criada
Don Enrique, galán
El Duque Alberto, galán
El Marqués, galán
Fabio, criado del duque
Gente
Julio, criado del duque
Leonor, dama
Marcelo, criado del duque
Sancho, criado del Marqués
Tello, galán
Tristán, gracioso, criado de don Enrique
Un Alguacil
Un Galán, que acaba luego
Un Paje

Jornada primera

(Salen don Enrique, Tello y Tristán)

Enrique   Tello...

Tello   Señor...

Enrique   Ya ha logrado
la Fortuna su intención,
pues mi larga pretensión
me ha traído a tal estado,
   que no puedo sustentar
los criados que solía.

Tristán   Negocio que cada día
sucede en este lugar.

(A Tello.)

Enrique   Grande es Madrid. Muchos buenos
con quien medres hallarás;
no puedes esperar más
ya de mí que ir siempre a menos.
   Obligado estoy de ti;
conmigo te has de perder.
Ningún bien te puedo hacer
como apartarte de mí.
   Solo ya en mi compañía
quedará agora Tristán,
y según mis cosas van,
presto llegará su día.

Tristán   No llegará —¡vive Dios!—

	que aunque despedirme quieras por pobre, donde tú mueras hemos de morir los dos.
Tello	Sin razón me has despedido; que también moriré yo, si está en eso.
Enrique	No harás, no; que eres tú menos sufrido.
(A Tristán.)	Yo sé bien de qué manera te fatigas si algún día falta el sustento. ¿Qué haría si en un año no lo hubiera, como de mi pobre estado es ya forzoso temello? Tú te ves agora, Tello, de ese vestido adornado. No tienes más que esperar; porque si roto lo ves, ni hallarás amo después, ni yo te lo podré dar.
Tello	Habréte de obedecer, pues es mi fortuna escasa; porque a «salte de mi casa» no queda qué responder.

(Yéndose don Enrique.)

Enrique	Lo que puedo asegurarte es que si el cielo algún día colma la esperanza mía, tendrás en ella gran parte.

| Tello | Guárdete Dios; que lo creo
de ti todo; y quiera Amor
que con Belisa, señor,
logres tu justo deseo. |

(Vase don Enrique.)

| Tristán | Tello, adiós. |

| Tello | Tristán, adiós. |

| Tristán | Él sabe que voy sentido
de ver que haya dividido
la Fortuna así a los dos. |

(Vase Tristán.)

| Tello | ¡Bueno habéis quedado, Tello,
sin amo y sin un real,
sumado todo el caudal
en un vestido y un cuello!
   Amigo no lo tenéis,
ni aun conocido en la corte;
pues si a dueño que os importe
entrar a servir queréis,
   ¿que poderoso señor
para ello os ha de ayudar,
si en Madrid se ha de alcanzar
hasta el servir por favor? |

(Salen doña Leonor y Celia, con mantos, tapadas, y un Galán.)

| Tello (Aparte.) | (De un coche se han apeado |

dos damas solas, a quien
quizá, como a mí, también
saca su tristeza al Prado.
    Con ellas quiero un momento
mis desdichas olvidar;
mas no teniendo qué dar,
me falta el atrevimiento.
    Ya se ha llegado a coger
otro la ocasión.)

Galán   El velo
que niega el hermoso cielo,
señora, habéis de correr;
    que ninguna cosa es bella
entre la tiniebla oscura.

Leonor   Galán, ni tengo hermosura,
ni a vos os importa vella;
    y la mayor cortesía
que hacerme agora podéis,
es que solas nos dejéis.

(Sale don Enrique y Tristán, y hablan aparte los dos.)

Enrique   En el talle y bizarría
    es ella.

Tristán   Como la noche
su manto empieza a tender,
no la puedo conocer;
mas puesto que partió el coche
    de cas de Belisa, es llano
que es ella.

Enrique	Seguirla quiero.

(Al Galán.)

Leonor	Ya os vais pasando al grosero del limite cortesano.

Galán	No os espantéis; que yo os veo
	tan constante en porfiar,
	que habéis venido a trocar
	en tema ya mi deseo.
	    Que estar tan endurecida
	cuando yo por veros lucho
	muestra que os importa mucho
	no ser de mí conocida;
	    y eso mismo viene a ser
	causa en mí de más porfía.
	Perdonad, si es grosería;
	que os tengo de conocer.

Leonor	¿Atrevéisos por estar tan solas?
Galán	Lo mismo fuera si el mundo todo viniera a querérmelo estorbar.

(Va a destaparla por fuerza.)

Leonor	¡Villano! ¡Desvergonzado!
Enrique	Aquélla es ya demasía.
Tristán	¿Adónde vas? Que podría,

señor, haberte engañado
  el pensamiento, y no ser
Belisa.

Enrique   Aunque no lo sea,
soy noble, y basta que vea
injuriar una mujer.

Tristán   Hombre de poco dinero
no lo quisiera rijoso.

Galán   ¡Acabad ya! ¡Qué enfadoso
resistir!

(Acercándose al Galán y a Leonor.)

Enrique   ¡Ah, caballero!
  No es bien hecho descubrir
una dama a su despecho.

Galán   Cuanto yo hago es bien hecho,
y quien osare decir
  lo contrario, miente.

(Sacan los dos caballeros las espadas y éntranse riñendo.)

Leonor   ¡Ay, Dios!

Celia   En esto pudo parar
un tan necio porfiar.

(Tello saca la espada.)

Tello   ¡Oh, que bien riñen los dos!

(Éntrase Tello; cae dentro el Galán.)

Galán (Dentro.)   ¡Muerto soy!

Celia   Presto pagó
su delito el desdichado.

Tristán   ¿No hubiera aquí otro criado
con quien me matara yo?

(A Tello o a don Enrique, que vuelven a salir.)

Leonor   Mirad por vos, caballero.

Enrique   La noche me ha de ayudar.

(Vase don Enrique y Tristán con él.)

Tello   La justicia ha de llegar,
y al que topare primero
    ha de ser el delincuente.
quiero quitarme de aquí.

(Vase Tello.)

Leonor   Ya la justicia —¡ay de mí!—
ha acudido, y diligente
    buscando va al homicida.
Válgale la oscuridad.
¡Cielos, a un hombre ayudad
que me deja agradecida!

(Sale el Duque.)

Duque   Hermosa doña Leonor,
                          ¿qué es esto?

Leonor   Sin duda el cielo
                          por fin de mi desconsuelo
                          os trajo agora, señor.
                            Un hombre aquí descortés
                          por fuerza verme quería
                          el rostro, y su demasía
                          otro, que no sé quien es,
                            con la espada castigó;
                          y la justicia al momento
                          llegó, y va en su seguimiento.
                          Duque, la causa soy yo.
                            Si es verdad que me estimáis
                          mostradlo agora; librad
                          a quien vida y libertad
                          arriesgó por quien amáis.

Duque   ¿Por dónde va?

Leonor   Hacia la calle
                          de Alcalá.

Duque   Tu amante soy.
                          No te aflijas, que yo voy,
                          bella Leonora, a libralle.

(Vase el Duque.)

Leonor   ¡Plega a Dios que a tiempo
                        llegues que le valga tu favor!

Celia	No hay cosa como un señor por amante. No me niegues que es gran gusto ser amada, señora, de un hombre tal, que pueda en un lance igual hacer una señorada.

Leonor	Celia, si las voluntades
	no mueve la inclinación,
	de poca importancia son
	provechosas calidades.
	   De un hombre viviera yo
	con gran gusto enamorada,
	como el que ahora la espada
	en mi defensa sacó.
	   ¡Con qué bizarro ademán
	y airosa resolución
	dio en un punto información
	de valiente y de galán!

Celia	¿Y conoceráslo?
Leonor	No; que aunque la luz me ayudara, para no verle la cara la turbación me bastó.
Celia	¿Si alcanzase en un instante, sin haberlo pretendido, éste lo que no ha podido el duque en siglos de amante?
Leonor	¡Calla, necia!

Celia (Aparte.)   (¡Plega a Dios,
                          no conocido homicida,
                          que con una misma herida
                          no hayáis muerto a más de dos!)

(Vanse doña Leonor y Celia. Salen un Alguacil con Gente, asido de Tello;
luego, el Duque y Fabio.)

Tello   ¿No ha de valer la verdad?

Alguacil   ¡Eso es bueno!

Tello   ¡Santo cielo!
                          A vuestra justicia apelo.

(Salen el Duque y Fabio.)

Duque   Hidalgo...

Alguacil   ¿Quién es?

Duque   Parad.
                          El duque Alberto.

Alguacil   Señor,
                          ¿qué me manda vueselencia?

Duque   ¿Qué es esto?

Alguacil   De una pendencia
                          llevo preso al agresor,
                              que en este punto en el Prado
                          una muerte ha cometido.

| Tello | Favor, gran señor, os pido; |
| | que el Alguacil se ha engañado. |

Alguacil	Mirad si es causa bastante
	ver que apriesa se apartaba
	del lugar en que dejaba
	hecho un daño semejante,
	y hallar cuando le alcancé
	que lleva, señor, la espada,
	como veis, desenvainada.

| Tello | A poner paz la saqué. |

Alguacil	Pues, ¿por qué íbades huyendo,
	si decís verdad, de mí,
	sin culpa?

| Tello | Porque temí |
| | lo que me está sucediendo. |

Duque	Aunque en este caso veo
	que tenéis bastante indicio
	para ejercer vuestro oficio
	justamente, también creo
	que está sin culpa este hidalgo;
	mas que esté inocente o no,
	ya estoy de por medio yo,
	y si puedo con vos algo,
	le habéis de dar libertad.

Alguacil	Vueselencia manda cosa,
	no solo dificultosa,
	pero imposible.

Duque	Acabad; que por mí lo habéis de hacer, por más que imposible sea.
Alguacil	Señor, vueselencia vea que será echarme a perder.
Duque	A ser vuestro defensor me obligo.
Alguacil	¡Un necio fiara en eso, y aventurara quietud, hacienda y honor!
Duque	Acabad, pues; lo que os pido haced ya. Dejad el preso, y advertid que vengo a eso resuelto, si comedido; que me lo ha mandado así quien puede; y puesto que ya lo intenté, fuerza será acabar lo que emprendí.
Alguacil	En fin, ¿viene vueselencia determinado?
Duque	Si el suelo pidiese rayos al cielo con que hacerme resistencia, le ha de valer mi favor.
Alguacil	Pues menor inconveniente es librar un delincuente que indignar a un gran señor.

¡Dejadle!

(Los que rodeaban a Tello le dan paso y se van.)

Su espada es ésta.

(Se la da.)

Duque   Sois cortesano y discreto,
               y que no os pese os prometo,
               si cuanto tengo me cuesta.
                  Y responded, si la fama
               culpare este desconcierto,
               que os lo mandó el duque Alberto,
               y al duque Alberto una dama.

Alguacil   Mostráis vuestro gran valor.

(Vase el Alguacil.)

Duque   Tu, Fabio, volando lleva
               a mi Leonora esta nueva.

Fabio   Alas me dará tu amor.

(Vase Fabio.)

Tello   Las plantas besaros quiero.

Duque   Levantad, por vida mía;
               que el valor y cortesía
               dicen que sois caballero.
                  Dadme esos brazos, en quien
               tiene el pecho aprisionado

el valor que hoy han mostrado.

Tello   Aunque me estuviera bien
     ser yo el autor de la hazaña
por quien pretendéis honrarme
y a esos brazos levantarme,
por Dios, señor, que se engaña
     vuestra excelencia en pensar
que yo le maté.

Duque   ¡Esto sí!
Yo quiero el valiente así,
que sepa hacer y callar.
     Solos estamos. Mirad
que mi amistad ofendéis,
y por más que lo neguéis,
sé que es ésta la verdad.
     Y así pretendo saber
quién sois; que un amigo quiero
daros en mí verdadero.

Tello (Aparte.)   (¿Al fin tengo yo de ser
     valiente por fuerza? Sí,
vaya. ¿Qué puedo arriesgar?
Quizá me viene a buscar
la Fortuna por aquí.)
     Tened por cierto, señor,
que puede en mi pensamiento
más que el más grave tormento
la fe de vuestro valor;
     que de un verdugo, hasta dar
el alma, pedazos hecho,
supiera callar mi pecho
lo que me hacéis confesar.

Fernán Tello de Meneses,
excelso duque, es mi nombre;
Cádiz mi patria, mis padres,
tanto como hidalgos, pobres.
Luego que la juventud
me ciñó al lado el estoque,
fui soldado de la flota
que los indios mares corre.
Tres veces de Nueva España
pisé los preñados montes,
cuyos partos enriquecen
de plata los españoles;
y nunca de sus tesoros
vi que una parte me toque;
que también van a las Indias
las desdichas con los hombres.
Con esto determiné mudar
de mi vida el orden;
que en largas enfermedades
se han de mudar las regiones.
A Madrid vine buscando
la fortuna; conocióme
un indiano caballero
que está aquí en sus pretensiones,
y supuesto que no pierden
de su calidad los nobles
en servir, y que no tuve
otro remedio en la corte,
entré a servirle ha seis meses;
y él esta tarde sacóme
triste hacia el Prado,
y en él me dijo en breves razones
lo mismo que yo sabía,
y es que ya se ve tan pobre,

que es fuerza que de los gastos
lo más que pudiere acorte.
Quedé sin amo y sin gusto,
cuando al venir de la noche,
de un coche al Prado salieron
dos damas, solas. Llegóse
un importuno galán,
y entre promesas y amores
hizo fuerza en descubrirlas,
hasta que el manto les rompe,
hasta que le llaman necio,
hasta que riñen a voces,
hasta que en efeto falta
la paciencia a quien las oye;
que el ver damas ofendidas
y descomedido un hombre
el castigo apresuró
del poco dichoso joven,
a quien, como di la muerte
con tan justa causa entonces,
le diera la vida agora,
pues él hizo que yo goce
de haceros aquel servicio
y alcanzar estos favores.

Duque   ¿De modo que habiendo visto
que estimé aquella desorden,
lo negábades? ¡Qué bien
vuestro valor se conoce!
En vos, Tello, no han entrado
las costumbres de la corte;
que en ella los lisonjeros
que cercan a los señores,
diciendo lo que no hacen,

en obligación los ponen;
y vos negáis lo que hacéis
—prueba de valiente y noble.

Tello   Vos me honráis como quien sois.

Duque

Levantad, y si en la corte
habéis de servir, haced
lo que la suerte dispone,
pues estos sucesos quieren
que a mí ese cargo me toque.

Tello

Dadme la mano por quien
soy dichoso.

Duque

                  Gentilhombre
sois de mi cámara, Tello.

Tello   El cielo esos años logre.

Duque

Esto es comenzar. Mercedes
esperad de mí mayores.

(Vase el Duque.)

Tello

Prosigue lo que comienzas
y acaba lo que dispones,
Fortuna, pues por tu gusto
dan este giro tus orbes.

(Vase Tello. Salen don Enrique y Tristán.)

Tristán

        Ni ellas supieron quién eras,
ni tú quién eran supiste;

solo en el difunto triste
no fueron tus obras hueras.
   ¿Sabes qué me ha parecido?
Que en este caso presente
lo mismo que al maldiciente
poeta te ha sucedido.

Enrique   Di cómo.

Tristán   Que porque huya
de la sátira la pena,
por más que le salga buena,
no puede decir que es suya;
   y después que la memoria
y entendimiento ha cansado,
se queda con el pecado,
y no se lleva la gloria.
   Pues el mismo lance echaste.
Pusiste en riesgo la vida,
fuiste de un hombre homicida,
y a nadie en ello obligaste.

Enrique   Como el coche se partió
de cas de Belisa, fue
con razón si me engañé.
Ella la causa me dio;
   pero, ¿qué bien por Belisa
pudo venirme?

Tristán   Esta vez
de que fueras mal juez
lo sucedido me avisa;
   pues fuera sentencia aguda
que si estaba tu querella

en duda de si era ella,
a él lo matases en duda.
    Mas con incierta ocasión
hacerle tan cierta injuria
más fue enamorada furia
que justa resolución.

Enrique   En lugar de consolar,
               ¿es bueno, Tristán, reñir?

Tristán   Siempre ha sido el advertir
               el santelmo del errar.
                   Mas, dime, ¿acaso has sabido
               quién era el muerto?

Enrique   Yo infiero,
               Tristán, que era forastero,
               de que no era conocido.

Tristán   Al punto lo vi, señor.

Enrique   Pues, ¿en qué?

Tristán   En que fue vencido
               que a ser en Madrid nacido,
               supiera reñir mejor.

Enrique   ¡Pobre mozo! No pensé
               matarle.

Tristán   Como a la herida
               no tomaste la medida,
               vínole muy grande.

Enrique

A fe
que estás de gracia.

Tristán

Yo vi
que no eran al pelear
tus intentos de matar,
mas tus estocadas sí.
¿Sabes lo del vizcaíno?

Enrique

Dilo, pues lo has comenzado.

Tristán

Tomó un arcabuz cargado
y apuntóle a un su vecino.
Dijo el otro, dando un grito:
«Mira que me matarás.»
Y él respondió: «Queda estás;
que yo tirarás quedito».

Enrique

¡Bozal vizcaíno!

Tristán

Creo,
señor, que no era bozal.

Enrique

¿Sino qué?

Tristán

Que estaba mal
con su vecino; que veo
muchos de esta condición.
Mas según lo que imagino,
nadie tendrá mal vecino
si él mismo no da ocasión.
Vivir bien engendra amor;
el pecado se aborrece.
Pero, ¿qué es esto? Parece

que doy en predicador.
El Marqués viene.

(Salen el Marqués y Sancho.)

Marqués   Pariente...

Enrique   Señor...

Marqués   ¿Qué habéis cometido,
que os tiene aquí retraído?

Enrique   La desdicha es delincuente,
    y conociendo la mía,
temo sin estar culpado.

Marqués   Decidme el caso.

Enrique   En el Prado
me hallé, señor, aquel día,
    habrá cuatro, que a un mozuelo
dieron muerte desdichada.
Saqué en la cuestión la espada,
y así con razón recelo
    —como al punto, apresurado
huyó el agresor de allí—
que alguno me culpe a mí,
malicioso o engañado;
    que las tinieblas oscuras
a confundir comenzaban
las cosas, y no dejaban
ya discernir las figuras.
    Por esto en este convento
estoy, Marqués, retirado;

por esto os he suplicado
que me veáis, con intento
   de encargaros que sepáis
por medio de algún amigo
si indicio, fama o testigo
   hay contra mí.

Marqués
                     Libre estáis.
   No paséis más adelante.

Enrique
Pues, ¿cómo sabéis, señor,
que lo estoy?

Marqués
               Al matador
prendieron al mismo instante,
   y al alguacil lo quitó
el duque Alberto, por ser
gusto de cierta mujer
   que causa a la muerte dio.

Enrique
   Besaros quiero los pies
por la nueva que me dais.

Marqués
Pues según eso ignoráis
lo que ha pasado después.

Enrique
   Y me holgaré de sabello.

Marqués
El caso se publicó,
y a su majestad le dio
el alguacil cuenta de ello;
   y el rey le dijo: «A los dos
todos os disculparan;
que el duque anduvo galán,

y anduvistes cuerdo vos».

Enrique   Tal sentencia, de tal seso.

Marqués   Solo averiguar mandó
                 quién fue la que le obligó
                 al duque Alberto al exceso;
                   y sabiéndose no dudo
                 sino que lo pase mal.

Enrique   Mujer será principal
                 quien al duque obligar pudo.

Marqués   ¡Plega a Dios no venga a ser
                 la que pienso!

Enrique   Pues, señor,
                 ¿os toca?

Marqués   Ya en mi temor
                 lo podéis echar de ver.
                   Venid conmigo; que es bien
                 que me aconseje con vos,
                 pues sois mi deudo.

Tristán   Por Dios,
                 que aunque nos está tan bien
                   la nueva que le ha traído
                 a mi amo vueseñoría,
                 me pesa a mi, que vivía
                 con gran gusto retraído.

Marqués   ¿Gusto puede haber aquí
                 como tener libertad?

Tristán	Si va a decir la verdad, otro hay mayor para mí.
Marqués	¿Cuál?
Tristán	Comer.
Enrique	Necio, ¿comienza tu desvergüenza a afrentarme?

Tristán	Comienza, por no dejarme
	acabar de tu vergüenza.
	    Si a un Marqués deudo
	y amigo niegas tus necesidades,
	¿qué aguardas? ¿Te persuades
	que habrá milagro contigo?
	    Señor, ésta es la verdad.
	Después que está retraído
	en la Vitoria ha vivido,
	con la mucha caridad
	    de estos padres, en la gloria;
	y sin duda que por eso
	pusieron el Buen Suceso
	tan cerca de la Vitoria.
	    Y así es grande impertinencia
	irnos de aquí; que ha de ser
	forzoso, para comer,
	mendigar otra pendencia.

Marqués	Corrido, por Dios, estoy. Don Enrique, ni mostráis que por noble me estimáis, ni que vuestro deudo soy.

Enrique	Ved, señor, que ha gracejado Tristán, que es un hablador
Tristán	No tiene ya mi señor, de pobre, más de un criado, y ése sirve de bufón; que es lo mismo que tener un vestido solo, y ser con bordado y guarnición.
Marqués	Yo sé muy bien lo que pasa un pretendiente en Madrid. De aquí adelante os servid de mi mesa y de mi casa.
Enrique	Señor...
Marqués	A tan justo intento la cortedad no replique. Adereza a don Enrique, Sancho, en mi casa aposento.
Enrique	Vuestro pecho en todo muestra el ánimo liberal.

(A Tristán.)

Marqués	Pasa tú la ropa.
Tristán	¿Cuál? ¿La del huésped o la nuestra? Porque si la nuestra, digo lo que aquel sabio decía.

Marqués	¿Y era?
Tristán	Que siempre traía toda su hacienda consigo.

(Vanse. Salen Leonor, Belisa y Tello.)

Leonor	Aquel día desdichado que en tu casa, amiga, estuve, y gusto y ocasión tuve de irme a pasear al Prado, fue Tello el valiente autor de la hazaña que he contado.
Belisa	Con razón ha granjeado el del duque y tu favor
Leonor	Al duque debo y a Tello de dos gustos recompensa; a Tello el vengar mi ofensa y al duque el favorecello; si bien me lastima en parte castigo tan inhumano.
Belisa	Pesada tienes la mano. ¡Dios me libre de enojarte!
Tello	Sin verla, influyó valor en mí la hermosa Leonora.
Leonor (Aparte.)	(¡Quién te le influyera agora para merecer mi amor! ¡Oh, nunca justos efetos

del ciego autor de crueldades!
¿Por qué igualas voluntades
en desiguales sujetos?)

Tello

¿Cómo te va de rigor
con don Enrique, señora?

Belisa

Tello, no ablanda el que llora
a quien no mueve el Amor.

Leonor

¿Quién es don Enrique, amiga?

Belisa

Un honrado caballero
que me quiere y no le quiero.

Leonor

¡Falso Amor, que no se obliga
de una afición verdadera!
Lo mismo que tú padezco.
A quien me quiere aborrezco.

Belisa

Querrás a quien no te quiera.

Tello

Pues el duque mi señor,
antes que parta de aquí,
ha de recebir por mí
de tu mano algún favor.

Leonor

Hasta aquí le he entretenido,
viéndole perder el seso,
por no obligarle a un exceso,
dándole favor fingido.
Digo favor en dejarme
servir de él con tal medida,
que ni me muestre ofendida,

ni quiera de él obligarme.
   Y si le tengo de hacer
por tan honrado tercero
algún favor verdadero,
desengañarle ha de ser.

Tello   No, señora. Si su daño
no ha de remediar así,
no pierda el gusto por mí
en que le tiene su engaño.

(Sale Castro.)

Castro   Hermosa doña Leonor,
la justicia, sin dejar
que te viniera a avisar,
la escalera y corredor
   ha pasado, y llega ya
a esta cuadra.

Tello (Aparte.)   (¡Soy perdido!
¡Sin defensa me han cogido!)

Leonor   La justicia, ¿qué querrá
   en mi casa?

(Salen algunos alguaciles.)

Alguacil   Perdonad
que sin avisar entremos;
que para hacerlo traemos
orden, de su majestad;
   y si no soy más cortés,
disculpa tiene el rigor;

que es mal ministro de amor
quien de justicia lo es.

Tello (Aparte.)   (Pagaré yerros ajenos.)

Alguacil   Un coche aguarda. Tomad
el manto, y perdón me dad,
Leonora.

Tello (Aparte.)   (Del mal, lo menos.)

Leonor   ¡Yo presa! ¿Qué he cometido?
Sacadme de confusión.

Alguacil   Yo pienso que es la ocasión
de esto el haberse sabido
  que la distes al suceso
de aquella muerte del Prado,
y que de vos obligado
quitó el duque Alberto el preso.
  Y así mandan que a Alcalá
os llevemos desterrada.

Leonor (Aparte.)   (¿Hay mujer más desdichada?
¡Qué descolorido está
  Tello! Mas que quiere hacer
algún desatino es llano;
que es demonio en cuerpo humano,
y me ha de echar a perder.)
  ¡Repórtate, por mi vida,
Fernán Tello!

(Habla aparte con él.)

Tello	Pues, ¿qué hago?
Leonor	No, no, no me satisfago; la color tienes perdida. Yo te conozco. ¡Detente, no me suceda peor!
Tello (Aparte.)	(De miedo estoy sin color, y piensa que de valiente.)
Leonor	Belisa, llégate aquí, ayúdamele a tener.
Tello (Aparte.)	(¿Al fin yo tengo de ser valiente por fuerza? Sí, vaya.) No tengas temor; mas déjame hacer siquiera que estos dos sin escalera bajen desde el corredor.
Leonor	¡Mirad si le conocí luego en el rostro el intento!
Tello	¡Que tengan atrevimiento para haberse entrado aquí! ¡Suelta!
Leonor	¡No te has de arriesgar, por vida del Duque!
Tello	¡Tente; que ese freno solamente me pudiera reparar!

Leonor	¡Ah! ¡Qué bien sobre el valor asienta la cortesía!
(Aparte.)	(No en balde a mi pecho envía tantas centellas tu amor.)
(A Belisa.)	Tú, si a compasión te obliga mi desdicha...
Belisa	No habrá cosa para mí dificultosa si tú la quieres, amiga.
Leonor	Porque honor y autoridad contigo, Belisa, lleve, pues la jornada es tan breve, y tan larga la amistad, me acompaña, porque así tenga consuelo mi pena.
Belisa	Leonor, a entrambas condena quien te ha condenado a ti, pues un alma y una vida es la nuestra.
Leonor	Tuya soy. Con eso aliviada voy.
Alguacil	Vamos pues, si sois servida.
Leonor	Tello, adiós.
Tello	Voy al momento a dar al duque esta nueva, si a sus ojos no me lleva sin vida ya el sentimiento

de ver que pases por mí,
señora, tales rigores.

Leonor   Tello, tormentos mayores
pasaré alegre por ti.

(Vanse todos. Salen el Duque, Marcelo, Fabio y otro criado.)

Duque   Este cuidadoso fuego
dentro del alma encendido,
inquietud de mi sentido,
turbación de mi sosiego,
  en el mismo corazón
firmemente alimentado,
tiene el pensamiento atado
a la rueda de Ixíón.
  ¡Tan sin piedad me fatiga
un desear importuno!
 ¡Hola!

Fabio   ¿Señor?

Duque   Cada uno
para divertirme diga
  en qué ha gastado la tarde.
¡Que tenga mi amada prenda
honor que me la defienda,
y valor que me la guarde!
  ¡Vive Dios!... Hablad, decid,
¿qué habéis hecho?

Marcelo   Yo, señor,
salí a la calle Mayor,
Sierra Morena en Madrid,

pues allí roban a tantos
mil damas ricos despojos,
llevando armas en los ojos
y máscaras en los mantos.
   Agradóme una tapada,
y al punto desenvainó
palabras con que me dio
en la bolsa una estocada.
   Hízome sangre, y vertida
gran parte del corazón
—que los dineros lo son—
me dio otra mayor herida;
   pues cuando yo pienso en vano
que el demás caudal me deja,
me pidió para la vieja
que llevaba de la mano.
   Aquí, señor, perdí pie,
y dije: «A vos, porque os quiero,
doy, señora, mi dinero;
pero a la vieja, ¿por qué?».
   Ella dijo: «No hagáis cuenta
de lo que acabáis de dar;
que quien me ha de contentar
ha de tenerla contenta».
   Yo dije: «De vos me aparto;
que quiero mas, ¡vive Dios!,
no cobrar lo que os di a vos,
que dar a la vieja un cuarto».

Duque   ¿Donde estuvistes vosotros?

Criado   Yo en el Prado, y solo vi
andar de aquí para allí
y mirarse unos a otros.

Duque	¿Tu, Fabio?
Fabio	Yo en la comedia.
Duque	¿Pareció bien?
Fabio	No, señor, con ser divino su autor; porque si no se remedia esta nueva introdución de los silbos, es forzoso que pierda el más ingenioso a los versos la afición.

Duque	Comedias que no agradaron,
	nunca alcanzaron silencio,
	porque también a Terencio
	muchas en Roma silbaron.
	    Cuando la comedia es buena,
	nadie ofenderla podrá
	que la muchedumbre da
	al malicioso la pena;
	    porque al vulgo cortesano,
	en sabio, recto y agudo,
	abatir banderas pudo
	el auditorio romano.

(Sale un Paje.)

Paje	Ya el camarero acabó tan prolija enfermedad.
Duque	Mucho mal y mucha edad

¿que diamante no rindió?
Téngale en el cielo Dios.

Fabio   El gobierno que tenía,
con el oficio, sería
mi remedio.

Marcelo   Y aun los dos
viviéramos descansados;
que servido por teniente,
el gobierno solamente
vale más de mil ducados.

Fabio   Y mil el ser camarero.

Duque   ¿Qué dices, Fabio?

Fabio   Señor,
que si algo puede el amor
tan constante y verdadero
con que tantos años ves
que he vivido en tu servicio,
el gobierno y el oficio
de camarero me des.

Marcelo   En antigüedad y amor,
en asistencia y trabajo,
yo pienso que me aventajo
a cualquiera pretensor.

Criado   Pues yo, señor, solo digo
que adviertas a quién prefieres,
pues de mis servicios eres
tú mismo el mejor testigo.

Duque	Iguales méritos veo
	y servicios en los tres,
	y en mí para todos es
	igual también el deseo.
	Tres sois, los oficios dos.
	No quisiera, y es forzoso,
	dejar al uno quejoso.
	Alzad dejadme por Dios,
	que no es justo darme
	agora más penas y confusiones
	que me dan las dilaciones
	y tibiezas de Leonora.
	Pero, pues sabéis mi amor,
	y decís que los oficios
	dé a quien tenga mas servicios,
	para mi será el mayor
	darme alguna nueva tal
	que acreciente mi esperanza,
	y me prometa mudanza
	de su desdén y mi mal.
	Y al gentilhombre primero
	que a mi pasión amorosa
	haga con esto dichosa,
	los oficios darle quiero.
Marcelo	Y las albricias valdrán
	dos mil ducados de renta.
(A Marcelo.)	
Fabio	De modo, por esta cuenta,
	que los premios no se dan
	hoy, conforme fuera justo,

44

al que más y más fiel
ha servido, sino a aquel
que ha servido más al gusto.

Marcelo   Habiendo el señor pagado
el salario y la ración,
sale de la obligación
que le tiene a su criado.
 Lo demás es equidad,
no justicia, amigo Fabio,
y no es el negar agravio
cuando el dar es voluntad.

Criado   Lo que importa es el favor
de Leonora prevenir;
que merecer es servir
a contento del señor.

(Sale Tello, triste.)

Duque   Vengas, Tello, enhorabuena.

Tello   Bien venido no me des,
supuesto que no lo es
el que viene a darte pena.

Duque   ¿Es de Leonora? ¿Que ha habido?
Di; que el cuidado me abrasa.
¿Vienes, Tello, de su casa?

Tello   Sí, señor, y ha sucedido...

Duque   ¿Qué?

Tello	Ya ves en los indicios que te ha de pesar, señor.
Marcelo (Aparte.)	(¿Mala nueva y de Leonor? No empuñaréis los oficios.)
Duque	Habla, acaba; que con eso nuevo tormento me das, pues paso de más a más los temores del suceso.
Tello	Pues la nueva desdichada es forzoso darte, ha sido que en este punto ha salido para Alcalá desterrada por el exceso del Prado tu Leonora triste y bella y Belisa va con ella; que su amistad la ha obligado a que pretenda aliviar así la pena que lleva.
Duque	¿Y ésa, Tello, es mala nueva? Los brazos te quiero dar. Pónganme el coche al momento, de camino. A mi Leonora sigamos, Tello; que agora espero verme contento. Éste es el medio mejor de conseguir mi esperanza, porque con esta mudanza pienso verla en su rigor; que en el camino, en la venta, en el campo, en la posada,

vivirá menos guardada;
y estando más descontenta,
estimará mi afición
por que sus penas consuele;
que en las desventuras suele
mudarse la condición.
tendrá ocasión de servirla
y a Belisa; que pues va
con Leonora, ella podrá
en mi favor persuadirla;
que es la mejor tercería
la de una amiga. No hubiera
suceso en que más pudiera
fundar la esperanza mía;
y pues tú diste el primero
tan feliz nueva a mi amor,
tú eres ya gobernador,
Fernán Tello, y camarero.

Fabio   ¡Bueno, por Dios!

Tello   Esos pies
me da, señor, a besar.

Duque   Alza, Tello, a caminar.

(A sus compañeros.)

Marcelo   ¡Buenos quedamos los tres!

Fabio   Dio Tello en la coyuntura.

Criado   ¡Paciencia!

Tello (Aparte.)　　　　　　　　(¡En lo que entendí
dar pena, contento di!
Todo, en efeto, es ventura.)

(Vanse.)

Fin de la primera jornada

Jornada segunda

(Sale el Duque, Tello, Marcelo, Fabio y Julio.)

Duque   ¿Que no harás esto por mi?

Fabio   Señor, yo soy un peón
que en la montaña nací.
Tan caballerosa acción
en mi vida la emprendi.
   Y pues del caballo infiero
que se dice el caballero,
Fernán Tello que lo es,
y está ya rico, los pies
vista de dorado acero.

Duque (Aparte.)   (Ésta es envidia.) Marcelo,
yo me he de valer de ti.

Marcelo   Si tú lo mandas, harélo;
mas al camarero así
causar envidia recelo,
   porque siempre al más privado
empresa igual ha tocado;
y a pensar le obligarás,
si a mí ese cargo me das,
que soy de ti mas amado.

Duque   ¡Qué poco gusto sabéis
darme, necios, enfadosos,
cuando tan triste me veis!

(Aparte.)   (Todos están envidiosos
de Tello.) Presto veréis
   cuán bien empleo el favor

en quien me sirve mejor.
Tello...

Tello   Detente, y advierte
si puedo yo de otra suerte
festejar a tu Leonor.

Duque   ¿Has de salir?...

Tello   No sabré.
¿Gustas de verme afrentado?
Jamás gobernó mi pie
más que el estribo quebrado
de una mula de alquilé.
      Yo nací en puerto de mar,
donde es solo navegar
lo que se pratica y sabe.
El caballo de una nave
sí me atrevo a gobernar,
      cuando en líquida región
por pies lleva blancas velas,
riendas las escotas son,
el viento ministra espuelas
y presta freno el timón;
      mas en públicos lugares
no quieras, sin que repares
en el riesgo en que me pones,
que con no expertos talones
hiera sentidos ijares,
      y en racional sujeción
tenga de un bruto valiente
la ignorada condición,
y la incierta mano intente
poner cierto el garrochón.

Duque
Ágil y andaluz mancebo
eres, Tello, y yo me atrevo
a apostar que a dos liciones
que te dé solas, te pones
en los caballos de Febo.
    Y el que has de llevar es tal,
tan presto, tan arriendado,
tan cierto en acción igual,
que de un bruto gobernado,
obra como racional.
    Haz esto, Tello, por mí;
que estando Leonora aquí
desterrada y triste, es justo
que su pena y su disgusto
procure aliviar así,
        ya que yo tengo de estar
encubierto, por seguir
mi pensamiento, sin dar
en Alcalá qué decir y
en Madrid qué remediar.

Tello
Lo mismo fuera, señor,
si le importase a tu amor,
que yo en el coso probara
solo y a pie, cara a cara,
con el toro mi valor.
        Como lo ordenares sea.

Duque
Por eso en ti mi afición
tan justamente se emplea.

Tello
Mayor es la obligación
que el alma pagar desea.

                    Da por cumplido tu intento,
                    como esta facción le importe.

Duque   ¡Hola!

Julio   Señor...

Duque   Al momento,
                    causando afrentas al viento,
                    parte a traer de la corte
                       tantos diamantes, que el velo
                    que de estrellas borda el cielo
                    a Tello pueda envidiar.

(Vase Julio. Fabio habla aparte con Marcelo.)

Fabio   De esta vez han de vacar
                    los dos oficios, Marcelo.

Marcelo   Eso sí, coma las duras
                    el que come las maduras:
                    pues tiene con qué curarse,
                    ruede; que así han de mezclarse
                    con desdichas las venturas.

Duque   En el rucio celebrado,
                    de mi mano alicionado,
                    Tello, en la plaza entrarás.

Fabio (Aparte.)   (¡Pobre caballo! Tú irás
                    rucio y volverás rodado.)

(Sale Celia, con manto.)

Duque	¡Celia amiga! ¿Por acá?
Celia	A avisarte que Leonora a gozar del campo va.
Duque	Di que va a ser nueva Flora de los prados de Alcalá. Y, ¿adónde va?
Cella	Yo sospecho que hacia la parte que ha hecho fértil el undoso Henares.

Duque	Porque rinda Manzanares
	desde agora humilde pecho,
	   parto a seguirla al momento.
	¡Ah, Celia, amiga fiel!
	Si alcanzo el fin de mi intento,
	pídeme en albricias de él
	cuanto pinte el pensamiento;
	   y hoy, pues a verla y seguilla
	voy por ti, toma el diamante,

(Dale una sortija.)	que el Sol en sus rayos brilla. ¡Oh, Henares, presta a un amante feliz tálamo en tu orilla!

(Vanse el Duque y los criados.)

| Celia | Vencerás, si puedo; que es
un vivo despertador
del ingenio el interés,
y en diligencias de amor
han de ser de oro los pies. |

(Vase Celia. Salen el Marqués, don Enrique y Tristán, poniéndose un sayo caperuza de labrador.)

Marqués   La vida nos va, Tristán.

Tristán   ¡Pluguiese a Dios que en Turquía
                   tuviese el Rey tal espía
                   al lado de Solimán!
                       Los gustos y los enojos,
                   los desdenes y aficiones
                   infiero por las razones,
                   brujuleo por los ojos.

Marqués   Esto importa, que en sabiendo
                   que el duque Alberto es amado,
                   dejaré, desengañado,
                   lo que engañado pretendo;
                       que los indicios que veo
                   mucho prueban en mi daño,
                   y se entra ya el desengaño
                   por los ojos al deseo;
                       que haber el Duque seguido
                   a Leonora me ha mostrado
                   que no está desesperado,
                   cuando no favorecido.

Enrique   No concluye ese argumento,
                   supuesto que vos también,
                   aunque os trata con desdén,
                   venís en su seguimiento.

(El Marqués da un billete a Tristán.)

Marqués   Toma el papel, advertido

que Belisa no ha de ver
que lo das, ni ha de saber
que tras Leonora he venido;
porque no dudo que esté
de parte del duque, y sea,
si su vitoria desea,
la que más guerra me dé;
y mientras pretendo y sigo
ocultamente a Leonor,
ni aviso al competidor
ni despierto al enemigo;
antes, si se viene acaso
a sospechar y sentir
mi afición, he de fingir
que por Belisa me abraso;
y así lo escribo a Leonor.

Enrique   Es cordura; que, en efeto,
                 siempre el amante secreto
                 es quien negocia mejor.

Marqués   Por eso sin firma mía
                 va el billete.

Enrique   De esa suerte
                 no hay peligro.

Marqués   Al darlo, advierte
                 que le digas quién lo envía.

(Pónese una cabellera Tristán.)

Enrique   ¿Que cabellera te pones?

Tristán	Ya las cabelleras bajan
	tanto, que se las encajan
	los pelados más pelones.
	Es disfraz acomodado
	para no ser conocido;
	que es un remedio aprendido
	en la corte, de un letrado.

(Pónese Tristán un parche en un ojo.)

| Marqués | ¿Qué es eso? |

Tristán	Un parche, y por Dios
	que sé yo quien en su casa,
	para no ver lo que pasa,
	tiene puestos siempre dos;
	que sus poltrones resabios
	ponen, trocando despojos,
	la bigotera en los ojos,
	los antojos en los labios.

| Enrique | ¡Qué bien disfrazado vas! |

| Tristán | Pues esto es cosa de risa. |

| Enrique | ¿Más falta? |

| Tristán | Porque Belisa |
| | me conoce, falta más. |

(Métese Tristán un bodoque o bala en la boca.)

De esta suerte se asegura
el disfraz.

56

Marqués	Es evidente que es el habla diferente, y el rostro se disfigura.
Tristán	Más falta; que me he de hacer, para descuidarlos más, del borracho.
Marqués	Bien harás.
Tristán	Pues a vino importa oler; que con eso irá del todo la invención acreditada.
Marqués	Dices bien. Toma.

(Dale dinero.)

Tristán	Animada cada invención de este modo, haré dos mil cada día.
Enrique	Ve presto, y advierte bien si tiene causa el desdén con que mi ingrata porfía; que no puedo persuadirme sino que de ajeno amor procede tanto rigor y resistencia tan firme.
Tristán	De vuestros bienes y daños hoy he de ser el Colón.

Enrique	Es cierto, porque Indias son en amor los desengaños; que no hay riqueza mayor.
Marqués	Antes, Don Enrique, anegue el mar mi vida, que llegue a tales Indias mi amor.

(Vase el Marqués.)

Enrique	Tras ti vamos.
Tristán	Y no es yerro, porque ayudéis a Tristán, si le conocen y dan lo que llaman pan de perro.

(Vanse todos. Sale el Duque, acabando de leer una carta, y Tello, Marcelo, Fabio y otro Criado.)

Duque	Dice que sin dilación parta a Madrid; que han notado ya mi ausencia y comenzado a murmurar la ocasión.
(Al Criado.)	Al punto ve a prevenir postas. ¡Hola!
Criado	Voy, señor.

(Vase el Criado.)

Duque	En hablando a mi Leonor, quiero a la corte partir. No haré más que parecer

en los públicos lugares;
que en postas parto de Henares,
y en alas pienso volver.

Tello   Bien harás.

Duque   Tú has de quedar,
Tello, a asistir a Leonor,
con poderes de mi amor
para servir y guardar.
    Los engaños y traiciones
la noche los ejecuta
Aun no de su triste gruta
salga a ocupar las regiones,
    cuando ocupes tú la calle
de Leonor. De ti me fío.
Los átomos, Tello mío,
a este Sol has de contalle;
    las sospechas con que fidio
me aclara.

Tello   Déjame hacer;
que un Argos tengo de ser
mejor que lo pinta Ovidio.

Fabio (Aparte.)   (Pues si os dormís —ivive el cielo!—
que ha de ver vuestra privanza
que no duerme mi venganza.)

(Hablan aparte Fabio y Marcelo.)

Si tú me ayudas, Marcelo,
    quiero en esta coyuntura
este valiente probar.

Marcelo	Sí, bueno será quitar estorbos a la ventura.
Tello	Ya llega.

(Salen Leonor y Belisa, con mantos, y Castro, escudero.)

Leonor	Apartad el coche, porque sin ser conocidas aguardemos divertidas entre estos olmos la noche.

(Siéntanse las dos.)

Belisa	Aquí del famoso Henares el claro cristal gocemos, porque con él olvidemos la ausencia de Manzanares.
Duque	Tello, entretén a Belisa.
Tello	Tiempo daré a tus amores.

(Lléganse a las damas.)

Duque	Ya alegra el campo sus flores, ya el agua aumenta su risa.
Leonor	El duque.

(Vase a levantar Leonor, y tíenela el Duque.)

Duque	No os levantéis,

(Arrodíllase el Duque.)

si no es que al dichoso suelo
que habéis convertido en cielo,
dar queja de mi queréis.

Leonor   Señor, no es razón que estéis
de rodillas.

Duque   ¡Ay, Leonor!
Cuando no os duele mi amor,
¿del cuerpo tenéis piedad?
Esa compasión guardad
para el alma, que es mejor.
    El cuerpo, señora, que es
de barro humilde formado,
¿reparáis en que de estrado
sirva a vuestros blancos pies?
Y el alma, a cuyo interés
no se iguala precio humano,
¿dejáis que os adore en vano
siempre a esos pies derribada,
sin ser jamás levantada
de vuestra dichosa mano?

Leonor (Aparte.)   (¿Qué le puedo responder,
si en una misma ocasión
me enfrena mi obligación
y me obliga su poder?
Si se ausenta, no he de ver
al que causa mi tormento;
si favorecerle intento,
su poder y mi favor

                    darán licencia a su amor
                    a un injusto atrevimiento.)

(Sale Tristán, con el disfraz.)

Tristán (Aparte.)   (Hablando están dos a dos,
                    el duque a Leonor, y Tello
                    a Belisa. Agora es ello.
                    Embisto en nombre de Dios.)

(Llega Tristán haciendo del borracho.)

                    ¡Ah, buen señor! ¿Quién sos vos?
                    Y vos, que humilde os adora
                    santa, ¿quién sos, mi señora?

Castro   ¡Qué borracho tan perdido!
                    ¡Aparta!

Tristán   Yo soy Cupido,
                    que bajo del cielo agora.

Tello   ¡Graciosa transformación!

Tristán   Señora, quiérale bien
                    al señor; que a fe que tien
                    bien abierto el camisón.

Duque   Bien herido el corazón,
                    dirás mejor.

Tristán   Cosa es clara,
                    que es de morir esa cara.
                    ¿No os quiere?

Duque	No.
Tristán	¡Voto a ños, que si yo fuera que vos!...
Duque	¿Qué hicieras?
Tristán	¿Qué? La dejara.

(Tristán se deja caer junto a Leonor y fíngese dormido.)

Leonor (Aparte.)	(¡Ojalá!)
Duque	¡Qué buen consejo!
Castro	Durmióse.
Tristán (Aparte.)	(¡Bien lo entendéis!)
Duque	Cuando el alma me tenéis, ¿cómo viviré si os dejo? Con justa causa me quejo.
Tello	¡Que habiendo el duque servido tanto a Leonor, haya sido tan constante en su crueldad! Belisa, a decir verdad, yo no fuera tan sufrido.
Belisa	El que no espera no alcanza, y lo que yo te aseguro es que del duque procuro ver cumplida la esperanza.

Tello	Él tiene en ti confianza.

(Sale un Criado.)

Criado	Prevenidas están ya las postas.
Leonor (Aparte.)	Pues, ¿de Alcalá os partís? (Ya no lo puedo encubrir: sin alma quedo si Tello también se va.)
Duque	Agora mal negaréis efeto tan conocido. Mi partida habéis sentido. Claro está que amor tenéis.
Leonor	¿Yo la siento? ¿En qué lo veis?
Duque	No es vuestra pena muy poca, pues al corazón os toca. Mi bien, ¿qué color es ésa? Lo que la cara confiesa, ¿por qué lo niega la boca? A Madrid parto sin vida, Tello se queda a serviros; él podrá, Leonor, deciros la ocasión de mi partida. No es justo que me despida de vos, o por no creer que me aparto, o por saber que pues sus alas me ha puesto Amor, ha de ser tan presto

64

como el partir el volver.

Leonor   No os fatiguéis. Lléveos Dios
          con bien, señor, a Madrid.

(El Duque habla aparte a Belisa.)

Duque   Belisa, adiós y advertid
          que estriba mi dicha en vos.

Belisa   Yo espero que de los dos
          esta fuerza combatida,
          al fin has de ver rendida.

Duque   Tú sola puedes hacello.

(Vanse el Duque y el Criado.)

Leonor (Aparte.)   (Como me dejes a Tello,
                    no vuelvas acá en tu vida.)

Tello   Triste quedo.

Leonor (Aparte.)   (¡Qué grosero!
          ¡Triste, quedando conmigo!
          ¡Mal haya!... Mas, ¿qué maldigo,
          si no sabe que le quiero?)
              Desta súbita partida
          me di la ocasión agora.

Tello   Escribiéronle, señora,
          de Madrid.

Castro   No vi en mi vida

65

peña más inanímada
que este bruto.

Belisa
¿Quién le hiciera
alguna burla que fuera
más gustosa que pesada?

Tristán (Aparte.)   (¡Bueno es esto!)

Castro
Yo imagino
que ninguna puede darle
tanta pena como aguarle
a un punto el sueño y el vino.

Belisa   Bien dices.

Castro   Por agua voy.

Belisa   Henares la puede dar.

Castro   Un vaso quiero buscar.

(Vase Castro.)

Belisa   Y ven presto.

Tristán (Aparte.)
(Oyendo estoy,
traidores; mas proseguir
la ficción importa agora,
y lo que tratan Leonora
y Tello a solas oír;
que al bautizarme Belisa,
con su agua misma procuro,
por dejar mi vino puro,

dejar aguda su risa.)

(Sale don Enrique.)

Enrique (Aparte.)   (Pues el duque se ha ausentado.
ventura quiero probar;
que Tello no ha de estorbar
el remedio a mi cuidado.)
    Belisa hermosa...

Belisa   ¿Qué es esto?
¿Es don Enrique?

Enrique   Señora,
es quien la dicha que adora
sigue, a su fortuna opuesto.

Belisa   Tras de tantos desengaños,
¿qué pretendes? ¿Qué porfías?

Enrique   Cruel, las firmezas mías
se alimentan de los daños.

Belisa   Por eso de mí te vengas
en mi honor; que en Alcalá
y en Madrid, ¿qué se dirá
de que siguiéndome vengas?
    Tú quieres verme perdida;
que esto no es quererme bien.

Enrique   No culpes, señora, a quien
viene buscando la vida.

Leonor   Vaya a Madrid; que es razón

	desmentir a las espías.
(Aparte.)	(Insufribles ansias mías,
	aquí tenéis la ocasión,
	pues vuestra dicha es tan poca,
	acabad de reventar,
	por el pecho a matar,
	a dar vida por la boca.
	Ya del terrible dolor
	la paciencia está vencida;
	callar acaba la vida,
	hablar infama el valor.
	Mas bien es que mi cuidado
	por tales medios le diga,
	que parezca que me obliga
	más que amor, razón de estado.
	Con más decoro encamino
	mis intentos de este modo.)

Tristán (Aparte.)   (Por Dios, que me duermo todo;
de las suyas hace el vino.)

(Duérmese Tristán.)

Leonor   De tu pecho principal
confiada, Fernán Tello,
si bien debajo del sello
del secreto natural,
   comunicarte el archivo
de mi corazón prevengo,
las afliciones que tengo
y remedios que apercibo,
   pues me da esta soledad
ocasión tan deseada.

Tello	Hablar puedes confiada,
	señora, en mi voluntad.
Leonor	Don Bernardo de Luján
	y doña Isabel Mejía
	me dieron en su nobleza
	la ocasión de mis desdichas.
	Soy única sucesora
	de una casa no muy rica,
	pero tal, que a un noble esposo
	puede dar dichosa vida.
	Viome el duque tu señor
	en la Trinidad en misa
	una fiesta, que me ha dado
	de trabajo tantos días.
	Dio en mirarme, dio en seguirme,
	no sé si en amarme diga;
	que tiene a veces de amor
	apariencia la porfía.
	Ya mis amigas granjea,
	ya mis criadas obliga,
	que siempre alcanzó
	el poder poderosas tercerías.
	Sus músicas las ventanas
	de noche me solicitan,
	y sus caballos la puerta
	me desempiedran de día.
	Al principio —esto confieso—
	me tuvo desvanecida
	la grandeza del amante
	y la imprudencia de niña.
	Parecióme —ioh, propio amor!—
	que, ciego el duque, podría
	levantar a su excelencia

por mi hermosura mi dicha;
que mis locas esperanzas
ejemplares me ponían,
y disculpaban su exceso
mis presunciones altivas.
Estos engaños hicieron
que su pensamiento admita,
que su esperanza entretenga;
siempre cauta, si no esquiva;
que nunca de mí alcanzaron
sus amorosas caricias
más respuesta que escucharlas
ni más favor que admitirlas.
Mas como el tiempo y los casos
en edad más entendida
su injusto intento descubren,
mi ciego engaño averiguan;
contra su amor y poder,
que mi perdición codician,
defensas traza el temor,
trazas el honor fabrica.
Desdeñarle era irritar
a una violencia sus iras;
favorecerle era abrir
las puertas a su osadía;
y así entre los dos extremos
mi resistencia camina,
ni con favor que provoque,
ni con desdén que despida.
Tú, pues que su lado ocupas,
que en su pensamiento privas,
que su inclinación gobiernas
y su voluntad inclinas;
si piadosa alma te informa,

si noble sangre te anima,
si la razón te conmueve,
y si una mujer te obliga,
da sagrado a mis peligros,
de suerte los casos guía,
que ni al duque precipiten,
ni honrado esposo me impidan.
Por tus manos quiero el bien;
en ellas me pongo; ¡mira
cuánta obligación te pone
quien tanto de ti confía!
A tu valor se encomienda
una mujer afligida.
Ya corren por cuenta tuya
mis desgracias o mis dichas.
Y mira que puede ser
que si con honra me libras
de este naufragio, a la tuya
venga a importar algún día.

Tello   Señora, aunque te agradezco
que en tu defensa me elijas,
ser contra mi dueño mismo
me acobarda y desobliga;
y no sé qué pueda más
importar a la honra mía
que guardar la fe al señor,
naturalmente debida.

Leonor (Aparte.)   (¡Qué torpe es quien no es amante!)
Bien fácil lo entenderías
si advirtieses lo que arguye,
si vieses qué significa
la que pone por tu cuenta

su ventura o su desdicha.

Tello   ¡Espera!

(Leonor llama al cochera que está dentro.)

Leonor   ¡Llega ese coche!

Tello   ¡Señora!

Leonor   ¡Tello, desvía!

Tello   ¡Díme...!

Leonor   Harto he dicho por hoy;
no demos nota a Belisa.
¿No vienes, amiga?

Belisa   Vamos.

(Vase Leonor.)

Tello (Aparte.)   (No creas lo que imaginas,
alma incapaz de tal bien;
no te mate la alegría.)

(Reparando en don Enrique que habla con Belisa.)

        Mas, ¿no es don Enrique? Él es.
No estorbarle es cortesía,
darle tiempo es amistad.
Hable a su adorada esquiva
mientras veo si Leonor
lo que he entendido confirma;

que es tanto el bien, que aunque vea
y escuche clara mi dicha,
pensaré que me han mentido
los oídos y la vista.

(Vase Tello.)

Belisa   Perdona, que es imposible;
que el corazón no se inclina.

Enrique   Pues perdona; que es forzoso
que aunque te canse te siga.

Belisa   Piensa que sigues el viento
con torpes pies; imagina
que un rayo sigues; que sigues
al Sol en su esfera misma.

(Vase Belisa.)

Enrique   Bien sé yo que sigo el viento,
el rayo, el Sol, enemiga;
porque todos tres se encierran
en tu condición esquiva.

(Vase Enrique. Sale Castro, con un cántaro de agua.)

Castro   ¿Don Enrique en Alcalá?
¡Bueno a fe! Todos a guisa
de caballeros andantes
tras sus infantas caminan.
Sin ver lograda la burla,
se entra en el coche Belisa;
mas pues yo pasé el trabajo,

pase el cuero la mohína.

(Al revolverse Tristán durmiendo se le caen la caperuza, cabellera y parche.)

¿Qué es esto? Por Dios que trae
la cabellera postiza.
Mas, ¿no es Tristanillo? Él es.
La cabellera me hacía
desconocerlo. ¿Qué enredo
tales disfraces maquinan?
Un papel tiene en el pecho.
(Sácale el papel.)   Él me dirá estas enigmas.
Y con esto...

(Échale el agua en la cara.)

Labrador,
despertad; que viene el día.

(Vase Castro. Tristán se despierta y hace ademanes de nadar.)

Tristán   ¡Que me ahogo, que me ahogo!
¡San Crispín! ¡Santa Lucía!
¡Qué terrible tempestad!
¡Echa un cabo! ¡Arriba, arriba!

(Sale don Enrique.)

Enrique   ¡Buenos andan los disfraces,
Tristán!

Tristán   ¿Quién? ¿Quién es?

Enrique   ¿Dormías?

Tristán	Y soñaba que la mar
	me zabucaba la vida;
	que Belisa y su escudero,
	creyendo lo que fingía,
	trataron de remojarme;
	oílo yo, y mientras iba
	él por agua, quiso el diablo
	hacer verdad la mentira;
	pues como el que duerme sueña
	lo que al dormirse imagina,
	y yo me dormí pensando
	en la burla prevenida,
	agua y mas agua soñaba,
	cuando un mar se precipita
	sobre mi boca y narices,
	con que de aliento me priva;
	y soñando que me ahogaba,
	nadaba y favor pedía.

Enrique	¡Por Dios, gentil centinela!
	¿En la vigilancia misma
	te duermes?

Tristán	Como bebí,
	y estuve haciendo la espía
	tendido tan grande rato,
	y ha tantas noches que sisan
	su acostumbrada porción
	al sueño vuestras vigilias;
	la ocasión me persuade,
	el verde campo me brinda,
	el manso viento me arrulla,
	la necesidad porfía,

despacha el vino vapores
al celebro y a la vista,
y al fin sé rinde el cuidado
a tan poderosa liga.

(Sale el Marqués.)

Marqués   Tristán...

Tristán   Señor...

Marqués   ¿Qué tenemos?

Tristán   No sé, por Dios, qué te diga.
El duque encarece mucho
de Leonor las tiranías;
mas ella no le desdeña,
supuesto que le resista.
Él parte agora a Madrid,
y en esta ausencia a servirla
se queda Tello, que es ya
quien más con el duque priva.

Enrique   Yo me huelgo.

Tristán   Todo el bien
le debe a tu despedida.

Marqués   De saber que se va el duque
te debo, Tristán, albricias.
Mas después que él se ausentó,
¿qué trataban? ¿Qué decían
Tello y Leonora?

Tristán	De ahí no pasó el Evangelista.
Marqués	¿Cómo?
Tristán	Dormíme a ese punto.
Enrique	¡Ved qué vigilante espía!
Iristán	Flaqueza humana.
Marqués	¡Bien dieras mi billete!
Tristán	Ya verías que nunca tuve ocasión, pues has estado a la vista.
(Buscándolo.)	Mas —¡por Dios!— que lo he perdido, si no es que mientras dormía me le sacaron del pecho.

(Enrique amenaza a Tristán.)

Enrique	¿Hay tal descuido? ¡Por vida!...
Marqués	Enrique, tened. ¿Qué importa, supuesto que va sin firma? Vamos a trazar el modo con que Leonora y Belisa en esta ausencia del duque nos oigan menos esquivas.
Enrique	La diligencia conviene, pues que la ocasión convida,

aunque ninguna lo es
para quien ama sin dicha.

(Vanse don Enrique y el Marqués.)

Tristán   ¡Válgaos Dios, amantes trasgos!
                 Yo apostaré que hasta el día
                 no se acuestan, y será
                 mala noche y parir hija.

(Vase Tristán. Salen Castro y Belisa, con el papel.)

Belisa   ¿Que era Tristan?

Castro   Sí, señora.

Belisa   ¿Por qué se disfrazaría?

Castro   En el papel que traía
                 lo echarás de ver agora.

(Lee.)

Belisa   «Bella Leonor, de la corte
                 viene siguiendo un perdido
                 en el mar de vuestro olvido,
                 de vuestra hermosura el norte;
                    recelo, desconfianza,
                 recato, duda y temor
                 tienen oculto mi amor
                 y cobarde mi esperanza;
                    que como guardada os veo
                 de otros vigilantes ojos,
                 temiendo vuestros enojos,

sufro los de mi deseo,
hasta que el ver, Leonor mía,
que pagáis mi voluntad,
a mi amor dé libertad
y a mi esperanza osadía.
    Mientras no, pienso igualar,
sin que lo estorbe el morir,
la fortaleza en sufrir
a la firmeza en amar;
    y fingiendo otros intentos,
amaré vuestros despojos,
contento con que mis ojos
os digan mis pensamientos.»
    Acabóse. En lo postrero
mi sospecha se confirma,
porque un billete sin firma,
ser Tristán el mensajero,
    haber, siguiendo a Leonor,
venido a Alcalá, y decir
que otro intento ha de fingir
para proseguir su amor,
    probanza dan verdadera
de que don Enrique ha sido
quien lo escribe, y yo he servido
a su intento de tercera.
    ¿Quién vio falsedad mayor?
¿Quién astucias más extrañas?
¿Vos sois Enrique?

Castro   Las mañas
del reloj tiene su amor.
    La campana es Leonor bella,
tu eres la hora; y así
apunta la mano a ti,

y da los golpes en ella.

Belisa (Aparte.)   (¿No es bueno que me da pena?
¿No es bueno que estoy celosa?
¡Ah, condición codiciosa
solo de la dicha ajena!
   Huí cuando me seguía,
desdeñando y ofendiendo,
¡y ya me da pena huyendo
quien siguiendo me ofendía!
   Sí, no hay duda; yo lo siento.
O causa Amor el dolor,
o rabia de que mi amor
sirva al suyo de instrumento.
   Pues no ha de pasar así.
¿Una amada, otra ofendida?
¿A Leonor para querida,
y para burlada a mí?
   No es razón.) Castro, al momento
busca a Tello, y de mi parte
le llama.

Castro   Para agradarte
igualaré al pensamiento.

Belisa (Aparte.)   (Don Enrique, bien podéis
otros medios intentar;
que impidiendo he de vengar
lo que intentando ofendéis.)

(Vase Belisa.)

Castro   La centella del papel
gran incendio ha levantado,

80

y no se le hubiera dado
si tal entendiera de él.

(Vase Castro. Sale Tello, con una capa de color guarnecida.)

Tello   Declaróse mi ventura,
                 pues declarada, publica
                 Leonora que sacrifica
                 a mi humildad su hermosura;
                    y en edad tan breve, Amor,
                 no hay gigante ya que iguale
                 tu grandeza.

(Sale Castro.)

Tello (Aparte.)   (Un hombre sale
                 de su casa. ¿Qué temor
                    la empieza a culpar? ¿Será
                 por dicha algún escudero
                 suyo o de Belisa? Quiero
                 certificarme.) ¿Quién va?
                    ¿Es Herrera? ¿Es Castro?

Castro   ¿Es Tello?

Tello   Sí, Tello soy.

Castro   El vestido
                 a la Luna es tan lucido,
                 que pude reconocello.
                    ¿No es el que el Duque os ha dado?

Tello   Sí.

Castro	Con salud lo rompáis.
Tello	Dios os guarde. ¿Dónde vais?
Castro	Ya donde iba he llegado.

(Habla en voz baja a Tello. Salen el Marqués y don Enrique.)

Enrique	Sin duda es él, pues la calle por el duque en esta ausencia guarda con tanta asistencia.
Marqués	¿Qué haremos?
Enrique	Yo quiero hablalle a solas, y ver si puedo algún buen medio trazar, y en tanto habéis de buscar vos un criado.
Marqués	¿Qué enredo imagináis?
Enrique	Si obligalle a ayudar vuestro cuidado no puedo, con un recado falso haré que de la calle nos le lleve; que con eso se consigue la intención.
Marqués	Abreviar la ejecución es acertar el suceso.

(Vase el Marqués.)

82

Tello	Di que la iré a obedecer en pudiendo
Castro	Harélo así.

(Vase Castro.)

Tello (Aparte.)	(Un hombre viene; hacia mí se llega. ¿Quién puede ser?)
Enrique	¿Es Tello?
Tello	¿Quién es?
Enrique	Amigo, don Enrique soy.
Tello	Señor, tus pasos mueve el amor.
Enrique	¿Qué he de hacer? Mi suerte sigo. De la tuya me he alegrado.
Tello	Conozco tu noble pecho.
Enrique	Grande rondador te has hecho.
Tello	No te espantes, soy mandado, y a gran cuidado se obliga el que sirve a gran señor, porque el descuido menor por gran delito castiga; y más cuando recibidas

tengo dél mercedes tales,
que no son gracias iguales
arriesgar por él mil vidas.

Enrique (Aparte.)   (Fuerte está por esta parte;
tentemos otro camino.)
Por eso mismo imagino
que jamás has de olvidarte
  de que cuando pude fui
amparo tuyo.

Tello   Jamás
lo olvidaré.

Enrique   Pues, ¿no harás
sola una cosa por mí?

Tello   Señor, en el alma siento
que así dudes de mi fe.

Enrique   Pues negocia que me dé
Belisa audiencia un momento.

Tello   Sabe que el duque mi dueño
partió a la corte, y a mí
me mandó velar aquí
sin dar un instante al sueño;
  pues como está mi privanza
tan tiernamente nacida,
y es fuerza ser combatida
de la envidia y la asechanza,
  temo que me han de espiar
mis contrarios, con intento
de abatirme, si un momento

me aparto de este lugar;
  y esta ocasión me obligó
a ponerme este vestido
tan vistoso y conocido
que el mismo duque me dio,
  porque puedan conocerme
claramente las espías
con la Luna.

Enrique   Bien podías,
si quieres, favorecerme
  usando de traza.

Tello   Di.

Enrique   Pues dices que es el vestido
de todos tan conocido,
troquemos capas, y así
  con la tuya engañaré
las espías.

Tello   ¡Pensamiento
extremado!

(Truecan las capas.)

Enrique   Si a mi intento
no puedes hacer que dé
  con recatos de su honor
Belisa a solas audiencia,
haz que me escuche en presencia,
Tello amigo, de Leonor,
  porque la murmuración
así no pueda temer.

Tello	Hoy, don Enrique, has de ver si me debes afición.

(Vase Tello.)

Enrique	Por dicha así con Leonora una ocasión hallaré en que le diga la fe con que mi primo la adora; que ya con Belisa doy mi esperanza por perdida.

(Sale Leonor, a la ventana.)

Leonor (Aparte.)	(El que da vida a mi vida es él que mirando estoy. Sí, no pueden engañarme las señas. ¿Qué guardas, di, la calle? Solo de ti tienes, Tello, que guardarme. Quiero hablarle.) Caballero de la capa guarnecida, guarda fiel de una vida que solo por vuestra quiero, no es justo —¡así os guarde Dios!— que en guardarme os desveléis; que bien guardada tenéis a quien se pierde por vos.
Enrique (Aparte.)	(Por la capa se ha engañado, y ser yo el duque ha creído. No debe de haber sabido que el vestido a Tello ha dado;

y piensa que o no ha partido
a Madrid o ha vuelto ya.)

Leonor ¿No me habláis?

Enrique (Aparte.) (Fuerza será,
para no ser conocido,
responder a su intención.)

(Sale Belisa, a otra ventana.)

Belisa (Aparte.) (Tello me vino a rogar
que a Enrique salga a escuchar.
Pidió lo que el corazón
deseaba, y no he querido
declararle mi sospecha
hasta estar más satisfecha;
que me puede haber mentido.
Aquél, conforme a las señas
que Fernán Tello me ha dado,
es Enrique.)

Enrique Mi cuidado,
Leonor, excede a las peñas
en firmeza.

Leonor A mi afición
lo debes.

Belisa (Aparte.) (¿Qué escucho, cielos?
No me engañaron mis celos.)

(Salen Marcelo y Fabio.)

Marcelo	Gocemos de la ocasión.
Fabio	En el mismo sitio está en que le dejé.
Marcelo	El vestido del Duque es tan conocido, que engañarnos no podrá.
Enrique	Gente viene.
Marcelo	Muera aquí este dichoso.
Fabio	Callar conviene y ejecutar.

(Sacan las espadas.)

Enrique	¡Ah, traidores!

(Al verse acometido, desenvaina y hace frente, y éntranse riñendo los tres.)

Leonor	¡Ay de mí! Criados, ¡traición, traición! ¡Salid a la calle presto!

(Quítase de la ventana.)

Belisa	Ved cómo la ha descompuesto con el temor la afición. ¡Qué rabia! No sé, traidor, lo que pida aquí a la suerte. Mis celos aman tu muerte,

tu vida quiere mí amor.

(Quítase de la ventana. Sale Tello y luego salen don Enrique, y Marcelo.)

Tello   ¡Don Enrique! La cuestión
               sin duda con él ha sido.

Fabio (Dentro.)   ¡Muerto soy!

(Vuelve Marcelo, retirándose de don Enrique.)

Marcelo (Aparte.)   (Nunca ha tenido
               dicha la mala intención.)

Tello   En cuanto bajé y salí
               sucedió.

Marcelo   No hay quien aguarde
               su furor.

(Huye Marcelo.)

Enrique   ¿Huyes, cobarde?

Tello   Don Enrique...

(Deteniénele.)

Enrique   ¿Es Tello?

Tello   Sí.

Enrique   Sospecho que me han tenido
               por ti los que me intentaron

dar la muerte; mas llevaron
la pena que han merecido.
   Dame esa capa, y adiós;
que herido también estoy,

(Destruecan capas.)

Tello   Pues a acompañarte voy.

Enrique   Si vamos juntos los dos
     en gran riesgo nos ponemos,
Tello; que es muy conocida
tu capa. Guarda tu vida;
que mañana nos veremos.

(Vase Enrique.)

Tello   ¡Ah, Dios! Que a tal coyuntura
me quitase yo de aquí,
para que hiriesen por mí
a Enrique? Todo es ventura.

Fin de la segunda jornada

Jornada tercera

(Salen Leonor, poniéndose el manto, y Celia.)

Leonor

¿Que Belisa está celosa
de don Enrique por mí?

Celia

De sus razones así
lo colijo.

Leonor

¡Extraña cosa!
Di, Celia, ¿qué puedo hacer
con que viva satisfecha?

Celia

Será aumentar su sospecha
quererla satisfacer,
    y así es lo mejor hacello
sin darte por entendida.

Leonor

¿Pues cómo?

Celia

El ser tú querida
del Marqués fue causa de ello,
    pues dio ocasión a su engaño.
Si delante de ella das
favor al Marqués, harás
más cierto su desengaño;
    que así verá, si contigo
Enrique procura hablar,
que es solo para terciar
por su pariente y amigo.

Leonor

Bien dices; que siempre ha dado
más segura información

aquella satisfacción
que no se da con cuidado.

Celia   Ella sale ya.

(Sale Belisa, con manto.)

Leonor   Belisa,
¿Iremos?

Belisa   Aunque me siento
no bien dispuesta, me aliento
por ir a San Diego a misa.

Leonor   De tu salud la esperanza
pon en el santo.

Belisa (Aparte.)   (Mis celos
la ponen, falsa, en los cielos
de alcanzar de ti venganza.)

(Vanse Leonor y Belisa.)

Celia   Mi intención he conseguido.
Al Marqués quiero avisar,
para que vaya a gozar
de aqueste favor fingido.
    Los prometidos doblones
me ofrezca, y salga después
de su engaño; que esto es
gozar de las ocasiones.
    Dama hermosa y de valor
pretendida y festejada,
enriquece a una criada,

si sabe usar del favor.
    A dos manos he de hacer,
¡y al Amor ciego pluguiera
dos mil galanes hubiera
que pescar y entretener!
    Que es muy breve la fortuna
que se funda en la belleza,
y si la vejez empieza
me he de quedar a la Luna.

(Vase Celia. Salen Tello y Tristán.)

Tello   ¿Cómo le va de la herida?

Tristán   Don Enrique, mi señor,
                         se siente mucho mejor.

Tello   El cielo guarde su vida.
                            Dile que mire por sí,
                         del negocio descuidado;
                         que la justicia no ha hallado
                         indicio alguno hasta aquí,
                            y no hace ya diligencia.

Tristán   ¡Gran ventura!

Tello   Grande ha sido.

Tristán   Uno muerto y otro herido,
                         sepultarse la pendencia,
                            pocas veces sucedió.

Tello   Valor en eso ha mostrado
                         Marcelo.

Tristán	¿Cómo?
Tello	Ha negado
	conocer a quien le hirió.
Tristán	Negarálo de corrido.
	¿Quédaste en San Diego?
Tello	Sí;
	que tengo un negocio aquí.
Tristán	Habrás sin duda venido
	con ofrendas a obligallo,
	y pedirle que te guarde
	de los toros esta tarde;
	que has de salir a caballo,
	según dicen.
Tello	Y ha de ser
	forzoso, por gustar de ello
	el duque.
Tristán	Dios quiera, Tello,
	no nos des en qué entender,
	y envuelto en polvo y en miedo
	no vengas rodando a dar
	tanta risa a este lugar
	como el gracioso de Olmedo
	a toda la corte, cuando
	en el entremés entró
	a dar lanzada, y salió
	sin calzas y cojeando.

(Vase Tristán.)

Tello   ¿También Tristán se conjura
                    a agüerarme mal suceso?
                    ¡Plega a Dios, Tello, que en eso
                    no descontéis la ventura!

(Salen Leonor, Belisa y Celia, con mantos y el Marqués.)

Tello (Aparte.)   (Ya ha llegado mi Leonor,
                    y el Marqués con ella. ¡Cielos!
                    ¡No tanto incendio de celos!
                    ¡Basta abrasarme de amor!
                      Mas sin ser visto pretendo,
                    por satisfacerme, oílla.
                    La reja de la capilla
                    favorece lo que emprendo.)

(Éntrase en una capilla a escuchar.)

Marqués   En mil años no escucharas
                    de mi boca mi afición,
                    si tu gusto o tu opinión
                    por oírme aventuraras.

Leonor   Después que de vuestro primo
                    vuestras penas escuché,
                    agradezco vuestra fe,
                    y vuestro recato estimo;
                      y a permitir más licencia
                    la obligación de mi estado,
                    en mi pecho hubiera hallado
                    vuestro amor correspondencia.

Marqués	Por eso os beso los pies; con ella premiado quedo.
Leonor	De que tengo la que puedo, vivid seguro, Marqués.
Tello (Aparte.)	(¿Qué infierno se enciende en mí?)
Leonor	Con esto, señor, me haced, si es que me estimáis, merced de no dar más nota aquí.
Marqués	Leonor, en solo serviros funda su gloria mi amor.
Leonor	Adiós.
Marqués	Con solo un favor descontastes mil suspiros.

(Habla Celia aparte con el Marqués.)

Celia	¿Vas contento?
Marqués	Celia mía, por ti vivo, tuyo soy.
Celia	Leonor va a los toros hoy.
Marqués	Será de mis ojos día.

(Vase el Marqués.)

Leonor	¿Qué te parece?

Celia   Has tocado
                    el punto con gran primor

Belisa (Aparte.)   (Si no es cautela este amor,
                      mis celos me han engañado.)

(Sale Tello de la capilla.)

Leonor   Tello, ¿aquí estás?

Tello   Leonor, sí;
                      que, ¿dónde sino en San Diego
                      hallar pudo vista un ciego,
                      tan ciego, falsa, por ti?
                         ¿Dónde pudo a la verdad
                      reducirse un engañado?
                      ¿Dónde un loco aprisionado
                      cobrar seso y libertad?

Leonor   ¿Qué dices?

Tello   Finge inocencia
                      cuando he visto tus traiciones;
                      comiencen tus invenciones
                      cuando acaba mi paciencia.

Leonor   Que te están oyendo advierte.
                      No nos eches a perder.

Tello   ¿Qué tiene ya que temer
                      quien ha llegado a perderte?
                         No ponga freno a mis labios
                      quien no enfrena sus flaquezas;

sepa el mundo tus bajezas,
pues obligan tus agravios.

(Sale el Duque que se queda escuchando.)

Tello
Yo lo he visto y no lo creo.
¿En qué te obligó el Marqués,
para que tan presto des
esperanza a su deseo?
   Si por señor, ¿eslo más
que el duque? Pues si su amor
no merece su favor,
¿por qué al Marqués se le das?

Duque (Aparte.)
   (Celos le pide por mí.
¡Qué fe y amor de criado!)

Leonor
Mira que te has engañado.
No te arrojes, vuelve en ti.

Tello
¡Vive Dios, si no temiera
el disgusto y el rigor
con que el duque mi señor
el castigo a entrambos diera,
   que yo solo con mis manos
lo remediara de modo,
que sabiendo el mundo todo
tus pensamientos livianos,
   en descuento y recompensa
del sentimiento que ves,
con la sangre del Marqués
lavara tu injusta ofensa.

Duque (Aparte.)
   (¡Qué valor y qué lealtad!)

(Bajo a Tello.)

Leonor (Aparte.)   El duque nos oye. (¡Cielos!
Él ha entendido mis celos.
¡Perdido soy!)

Duque   Escuchad,
(Aparte.)   Leonor. (Disimularé
lo que he oído.)

Leonor   Vuecelencia
advierta con la indecencia
que en este lugar podré.
    Para mejor ocasión
el escucharle remito.

(Vase Leonor.)

Duque   ¡Ah, falsa! ¡Cómo el delito
huye el rostro a la razón!

Belisa   Duque, adiós.

Duque   Belisa mía,
ya veis mis penas.

Belisa   Las dos
estamos, señor, por vos.

Celia   Tuya soy, sigue y confía.

(Vanse Belisa y Celia.)

Tello (Aparte.)	(Aquí es mi muerte.)
Duque	A Leonor quiero seguir. Ven conmigo, y cuenta mientras la sigo qué fue esto.
Tello (Aparte.)	Nada, señor. (Todo lo ha oído.)
Duque	¿No vienes?
Tello (Aparte.)	(Sin duda quiere sacarme de la iglesia a castigarme.)
Duque	Acaba. ¿Qué te detienes?
Tello	Dijéronme que ha tenido la justicia indicios hoy de mi delito, y estoy, señor, aquí retraído hasta asegurarme.
Duque	Tello, quien lo ha dicho se ha engañado. Yo lo sé bien; que he tratado hoy con un ministro de ello. No tienes qué recelar; conmigo vienes seguro.
Tello (Aparte.)	(¡Que por más que lo procuro, no he de poderme escapar.) Mejor será no ponerte, señor, en ese cuidado.

Duque	Necio, viniendo a mi lado, ¿quién ha de osar ofenderte? Y más cuando la razón tan clara llevas contigo, pues diste justo castigo a tan infame traición.
Tello (Aparte.)	(No hay remedio.)
Duque	Acaba, di. ¿Por qué con Leonor reñías?
Tello	¿Yo reñir? Te engañarías si tal pensaste de mí.
Duque	¡Ah, buen Tello, ejemplo extraño de prudencia y de valor, pues sin que sienta el dolor quieres remediarme el daño! Dame esos brazos. Bien vi que con Leonora reñías, y enojado le pedías celos del Marqués por mí.
Tello (Aparte.)	(De vida soy.) Sí, señor; con él la vi, y —¡vive el cielo!— que a no enfrenarme el recelo de que le diera a tu amor el saber la causa enojos, que yo hiciera que el Marqués donde tú pones los pies no pusiera más los ojos.

Duque	El valor es conocido
	de tu brazo y de tu pecho,
	Tello amigo. Bien has hecho;
	que sin hacerme entendido
	quiero proseguir mi intento,
	y el del Marqués estorbar.

(Yéndose.)

Tello	Siempre al fin viene a alcanzar
	quien ama con sufrimiento.
(Vase el Duque.)	De buena hemos escapado.
	Quiero avisar a Leonor
	de que el duque mi señor
	la historia no ha penetrado.
	¡Caso extraño! Mi locura
	ha aplicado a su aficion;
	que aun con la misma traición
	sabe obligar la ventura.

(Vase Tello. Salen Belisa y Tristán.)

Tristán	Si va a decir la verdad,
	estar tú sola penando
	cuando todo el pueblo holgando,
	o es locura o necedad.
	Un sabio a todos tenía
	la condición tan opuesta,
	que siempre entraba en la fiesta
	cuando la gente salía;
	y el fin de esto preguntado,
	era por dar a entender
	que los sabios no han de hacer
	lo que el vulgo, siempre errado.

Si en tales caprichos das
tú también por ser famosa,
no comas, Belisa hermosa,
porque comen los demás.
    Cuando vienen a la fama
de las fiestas que hace Henares
de comarcanos lugares
tanto galán, tanta dama;
    cuando puebla los caminos
gente a caballo y a pie,
carros, mulas de alquilé,
coches, rocines, pollinos;
    cuando en la confusa plaza
la variedad es de suerte,
que la atención se divierte
y el sentido se embaraza;
    cuando el toro embravecido
entre la turbada plebe,
si como el rayo se mueve,
como el trueno da el ruido;
    y del pueblo alborotado,
todo alegre y todo junto,
tantos ojos lleva un punto,
tantos pechos un cuidado.
    ¡Estás tú, Belisa hermosa,
sola en casa y retirada,
en tu tristeza ocupada,
y en tu ocupación ociosa.
    Los toros los ha de ver
aquél que más se desvía
de fiestas, porque en tal día
no hay otra cosa que hacer;
    y más en esta ocasión
que entra Tello a torear,

y sus lances han de dar
o risa, o admiración.

Belisa

    Tristán, no me canses más;
que si la causa alcanzaras,
yo sé cierto que aprobaras
lo que reprobando estás;
    y dime, ¿cómo no has ido
tú a los toros?

Tristán

              ¡Eso es bueno!
Si tu reclusión condeno,
ésa la ocasión ha sido.
    Seguirte es mi ocupación,
y como no estás en ellos,
me he quedado yo sin vellos
por gozar de esta ocasión;
    que como los viera yo,
soy de condición tan buena,
que en mi vida me dio pena
que el otro se huelgue o no.
    Que no es de aquéllos Tristán
de vana fineza llenos,
que estiman su gusto en menos
que el que a sus ninfas les dan.
    ¡Agudas impertinencias,
sutilezas insufribles,
buscar en gustos sensibles
mentales correspondencias!
    Yo más a lo material
califico el mal o el bien.
Lo que me sabe, esta bien;
lo que me duele, está mal;
    y para con Dios remito

las finezas; que en mi son
católica la razón
y epicúreo el apetito.

Belisa   En poco estimas, Tristán,
las mujeres, según eso.

Tristán   Señora, aunque no profeso
ceremonias de galán,
   no reina en mi corazón
otra cosa que mujer,
ni hay bien, a mi parecer,
más digno de estimación.
   ¿Qué adornada primavera
de fuentes, plantas y flores,
qué divinos resplandores
del Sol en su cuarta esfera,
   qué purpúreo amanecer,
qué cielo lleno de estrellas
iguala a las partes bellas
del rostro de una mujer?
   ¿Qué regalo en la dolencia,
en la salud, qué contento,
qué descanso en el tormento
puede haber sin su presencia?
   Cercano ya de su fin
un monje santo, decía
que solo mejoraría
oyendo el son de un chapín.
   ¡Y era santo! ¡Mira cuál
será en mí, que soy perdido,
el delicado sonido
de un órgano de cristal!
   ¿Sabes lo que echo de ver?

Que el primero padre quiso
más perder el paraíso
que enojar una mujer.
  ¡Y era su mujer! ¿Qué hiciera,
si no lo fuese? ¡Y no había
más hombre que él! ¿Qué sería,
si con otro irse pudiera?
  Porque con la competencia
cobra gran fuerza Cupido.

Belisa

¡Triste de mí, que he tenido
de esa verdad experiencia!

Tristán

  Según eso, ¿cómo quieres
que yo, que tanto las precio,
entre en el uso tan necio
de injuriar a las mujeres?
  Que entre enfados infinitos
que los poetas me dan,
no es el menor ver que están
todos en esto precitos.

Belisa

  ¿Que te dan muchos enfados?

Tristán

Pues, ¿a quién no ha de cansar
uno que da en gracejar
siempre a costa de casados?
  Dacá el sufrido, el paciente...
Hermano poeta, calla,
y mira tú si en batalla
mataste moro valiente.
  La murmuración afean,
y están siempre murmurando;
siempre están enamorando,

e injurian a quien desean.
   ¿Que es lo que más condenamos
en las mujeres? ¿El ser
de inconstante parecer?
Nosotros las enseñamos;
   que el hombre que llega a estar
del ciego dios más herido,
no deja de ser perdido
por el troppo variar.
   ¿Tener al dinero amor?
Es cosa de muy buen gusto,
o tire una piedra el justo
que no incurre en este error.
   ¿Ser fáciles? ¿Qué han de hacer
si ningún hombre porfía,
y todos al cuarto día
se cansan de pretender?
   ¿Ser duras? ¿Qué nos quejamos,
si todos somos extremos?
Difícil, lo aborrecemos,
y fácil, no lo estimamos.
   Pues si los varones son
maestros de las mujeres,
y sin ellas los placeres
carecen de perfección,
   imala pascua tenga quien
de tan hermoso animal
dice mal ni le hace mal,
y quien no dijere: Amén!

Belisa   En obligación te están
las mujeres, y no hubiera
fiesta, si alegre estuviera,
como escucharte, Tristán.

Tristán	¿Qué tienes? ¿No me dirás, señora, de tanto enojo la ocasión?
Belisa	Es un antojo que tú cumplirme podrás.
Tristán	Di, pues.
Belisa	¿Haráslo?
Tristán	Si haré.
Belisa	El disfraz de labrador y el papel para Leonor me has de decir cúyo fue.
Tristán (Aparte.)	(¡Pese a tal!)
Belisa	¿Dudas?
Tristán	Señora, ¿qué disfraz o qué papel?
Belisa (Aparte.)	¡Basta! (¡Ay, Enrique cruel! Tu traición confirmo agora.)
Tristán (Aparte.)	(Callarlo el Marqués mandó, gran riesgo corro si hablo contra; ¡que me lleve el diablo si lo descubriere yo!)
Belisa	¿Al fin niegas?

Tristán	Ni lo he hecho,

ni sé qué dices, señora.

Belisa	¿Enrique dónde está agora?

Tristán	Sin salud ocupa el lecho.

Belisa (Aparte.)   (¡Ah, falso! ¡Mirad si fue
vana la experiencia mía!
Por ver si a Leonor seguía
o a mí, no la acompañé,
   y fingiéndome indispuesta,
sola en casa me he quedado;
y él, tras su oculto cuidado,
secreto asiste en la fiesta,
   y por no verme ha fingido
lo que yo por que me vea.
¿Qué es esto, cielos? ¡Que sea
traidor quien es bien nacido!
   Con esto he probado que es,
para encubrir su traición,
cautelosa la afición
que a Leonor muestra el Marqués.)
   ¡Vete, embustero, de aquí!
¡Vete, y di a tu dueño ingrato
que ya su alevoso trato,
ya mi agravio conocí!
   ¡Que siga sus pretensiones,
sin que imagine el traidor
con la capa de mi amor
encubrir otras pasiones!
   ¿Que ha visto en mí? ¿Soy yo menos,
para que sus desvaríos,

a costa de agravios míos,
conquisten gustos ajenos?

Tristán   ¿Qué dices?

Belisa   ¿Hay tal cautela?
¡Fingirse enfermo por dar
a sus intentos lugar!
¿Quién le guarda? ¿Quién le cela?

Tristán   Señora, ¡viven los cielos
que está enfermo mi señor,
y en la cama!

Belisa   Sí, de amor,
como yo lo estoy de celos.

Tristán   ¿No me crees?

Belisa   Sé que ha ido
a los toros.

Tristán   ¡Vive Dios,
que está, para entre los dos,

(Aparte.)   pues que me aprietas...! (Herido
iba a decir, y romper
tan importante secreto.
¡Guarda fuera! Que, en efeto,
aunque es tan noble, es mujer.)

Belisa   ¿Qué te arrepientes?

Tristán   Quería
decirte claro su mal,

　　　　　　　y he reparado que es tal,
　　　　　　　que oírlo te ofendería.

Belisa　　　　　¡Que me quieras de ese modo
　　　　　　　engañar! ¡Vete!

(Belisa se dirige a su cuarto.)

Tristán　　　　　　　　　　Si así
　　　　　　　me aprietas, traérelo aquí,
　　　　　　　señora, con cama y todo.

(Vase Belisa.)

Tristán　　　　　¡Qué nueva mudanza ha habido
　　　　　　　en Belisa! ¡Extraña cosa!
　　　　　　　¿Como se queja celosa
　　　　　　　quien nunca amor ha tenido?

(Mirando hacia la puerta de la calle.)

　　　　　　　Mas doña Leonor es ésta.
　　　　　　　¿Tan presto a su casa viene?
　　　　　　　Misterio sin duda tiene
　　　　　　　no acabar de ver la fiesta.
　　　　　　　¡Buena ocasión se ha perdido
　　　　　　　el Marqués de ver y hablar!
　　　　　　　Procuraréle avisar.
　　　　　　　Por dicha no lo ha sabido;
　　　　　　　que éste es camino real
　　　　　　　para medrar un sirviente,
　　　　　　　porque el gusto solamente
　　　　　　　hace al señor liberal.

(Vase Tristán. Sale Leonor, quitándose el manto y Celia.)

Celia
      Pues tan temprano, señora,
de los toros te has venido,
mucho Belisa ha podido.

Leonor
Y aun me confieso deudora
   de la obligación de haber
dejado a Madrid por mí.

Celia
Si ama a Enrique y está aquí,
¿qué le quedas a deber?

(Sale Belisa.)

Belisa
      Leonora...

Leonor
        Belisa mía...

Belisa
¿Cómo la fiesta has dejado?

Leonor
Tu mal me daba cuidado,
tu ausencia melancolía;
   y ya que a los toros fui,
por ser tan forzoso y justo
hacer al duque este gusto,
para agradecerle así
   los excesos que su amor
tan liberal quiso hacer

(Aparte.)
en esta fiesta... (Por ver
a Tello diré mejor.)
   ...de esta manera cumplí
contigo, amiga, y con él,
pues parte he visto por él,

y parte dejo por ti.
Dime ya, ¿cómo te sientes?

Belisa   No sé qué diga, Leonor.
Crece y mengua mi dolor
con mil varios accidentes.

Celia   El duque ha entrado, señora,
en casa.

Leonor   ¡Qué atrevimiento!
No me dejéis un momento
sola con él.

Belisa (Aparte.)   (¡Ah traidora!
Si le tratas con desdén,
y en tu inquietud y cuidado
tener amor has mostrado,
¿a quién puedes querer bien
sino a Enrique, pues mil casos
lo prueban?)

(Sale el Duque.)

Duque   Como a la aurora
sigue el Sol, bella señora,
siguen tus plantas mis pasos;
y como todo el lugar
está en los toros, y hallé
la calle sola, tomé
esta licencia de entrar.
Perdona excesos de amor,
cuando ya se ve rendida
al sentimiento la vida,

y la paciencia al dolor.

Leonor   De vuestra nobleza fío
que por más ciego que estéis,
siempre, duque, miraréis
por la fama y honor mío.

(Leonor habla aparte a la criada.)

                 Celia, ¿volvióse la gente
a los toros?

Celia   Al instante.
Ésta que tienes delante
hay en casa solamente.
   Sin guarda alguna has quedado;
pues la ocasión te convida,
págale al duque.

Leonor   ¡Atrevida,
calla!

Celia (Aparte.)   (El diablo me ha engañado.)

Leonor (Aparte.)   (Divertir y entretener
con industria me conviene
al duque en tanto que viene
quien me pueda defender;
   que ayudan las dos su intento,
y temo alguna violencia;
que suele la resistencia
despechar el sufrimiento.)
   Supuesto que habéis entrado
sin ser de nadie sentido,

duque, seáis bien venido;
que a ocasión habéis llegado
en que deseaba el pecho
agradeceros, señor,
la fiesta que vuestro amor
hoy por obligarme ha hecho,
e intentaba relatar
a Belisa lo que vi
de los toros, porque así
su dolor pueda aliviar.

Duque   Será con eso doblada
la fiesta de hoy para mí.

Belisa   Di, pues, y veréla así
en tu boca mejorada.

Leonor   El Sol hermoso en movimiento leve
la tercer parte comenzaba al día,
y presurosa la alterada plebe
confusamente alegre concurría.
Según que toda se baraja y mueve,
juzgaras que la plaza se movía,
compitiendo el bullicio y el ruido
en divertir la vista y el oído.
    Cuando un ligero toro, que no olvida
en Henares los pastos de Jarama,
carbón del cuerno al pie, porque despida
humo el aliento, si la vista llama,
alta cerviz, cerdosa y recogida,
sale furioso, y vengativo brama,
y a un mancebo que ve, ciego arremete,
de la cola erizado hasta el copete.
    Hurtóse al golpe el joven con destreza;

y aunque volver quisiera el toro airado,
obedece a su misma ligereza,
y contra sí se mueve arrebatado,
hasta que de encontrar con la cabeza
en un mármol, cayó desatinado,
donde probó el tumulto embravecido
cuánto corta la espada en un rendido.

    El segundo salió, cuya belleza
al robador de Europa dio recelo,
que lo excede en blancura; en ligereza,
al Toro vence que da signo al cielo.
Tres manchas en el anca, hombro y cabeza
negros lunares son del blanco velo,
y de color bermejo rodeadas
espesas nubes de Titán bordadas.

    En breve rato en una y otra vuelta
el término cercado discurría,
dando a la mal segura turba, envuelta
en temor y alboroto, la alegría;
cuando un impulso de intención resuelta
la fiera en curso arrebatado guía
a la fuente, que está dando a la plebe
contra el toro y la sed andamio y nieve.

    Arrojóse veloz, y saltó dentro
tras uno que seguro le llamaba;
a tres o cuatro arrebató de encuentro
el ímpetu violento que llevaba.
Todos visitan con el golpe el centro,
y el toro entre ellos solo procuraba
salir, y el agua, de su humor teñida,
sepulcro de coral hizo a su vida.

    En esto comenzó súbitamente
una cuestión de fieras cuchilladas,
y amontonado el pueblo diligente,

brillan al Sol desnudas mil espadas.
Crece el marcial ardor, y de la gente
dos escuadras se forman encontradas.
Ésta apellida al natural Henares,
aquélla al forastero Manzanares.

Sueltan un toro, medio ya postrero
contra la lucha y cólera encendida;
era barroso y grande, aunque ligero,
corto de cuello y cuernos, escondida
en un cerdoso remolino fiero
la frente, abierta la nariz hendida,
negro de extremos, y de hocico romo,
de negra cinta dividido el lomo.

Tello, airoso, galán, gentil mancebo,
al mismo tiempo entró por otra parte,
confianza al amor, envidia a Febo,
amor a Venus y temor a Marte;
pardo el vestido; mas con modo nuevo
de diamantes tal copia le reparte,
que un diamante juzgaras el vestido
y que estaba de pardo guarnecido;

en un rucio andaluz, pisador, bello,
de grande cuerpo en proporción formado,
al ancho pecho igual el corto cuello,
de alta, corva cerviz hermoseado,
riza la crin, la cola y el cabello;
el breve rostro alegre y sosegado,
anchas las ancas, de barriga lleno,
presto a la espuela y obediente al freno.

Y parece que el toro, de ofendido
de que el pueblo por él lo desampara,
parte envidioso, y entra embravecido
al experto caballo cara a cara;
mas Tello, reportado y prevenido,

así el rejón a la cerviz prepara,
que se encontraron en la misma herida
a entrar el hierro y a salir la vida.

Duque
   Vuestros sutiles pinceles,
Leonor, la fiesta dibujan
de suerte, que habéis vencido
la verdad con la pintura.

Belisa
¡Que Tello matase el toro!

Celia
¿Qué mucho? Diole en la nuca
como le pudiera dar
en un pie. Todo es ventura.

Leonor (Aparte.)
(¡Ay, Tello, de cuántas flechas
hieren mi pecho las puntas!)

(Celia habla aparte con Belisa.)

Celia
¡Oh, qué necio anda en perder
el duque esta coyuntura!
Sin defensa está Leonor,
nosotras de parte suya,
y la vecindad sin gente
que a impedir su intento acuda.

Belisa
Bien dices.

Celia
   ¿Cómo le puedo
advertir, sin que descubra
Leonora que desleal
doy favor a sus injurias?

Belisa	Extremada es la ocasión. Algún medio, Celia, busca; que así de Enrique me vengo y mis celos se aseguran.
Celia	Si por senas no me entiende, no hay remedio.

(Hace señas al Duque por detrás de Leonor.)

$$\text{¿Qué rehúsas}$$
gozar la ocasión, cobarde?

Duque (Aparte.)	(Celia me dice sin duda que me atreva. Corazón, ¿qué recelas? ¿Qué te turbas? Intenta, que a los osados favorece la Fortuna.) Ya, mi bien, que esta ocasión el fin de mi mal anuncia, pues no hay aquí quien impida tu favor y mi ventura, den principios tus alientos a inspirar auras segundas, y los astros de tus ojos más benignamente influyan. Dulces favores en premio de tantas penas tributa,
(Tomándole la mano.)	y a mis manos comuniquen rayos de cristal las tuyas.
Leonor	Duque, mirad...

(Aparte a Celia.)

Belisa	Entendiólo; mas advierte con qué industria al duque animo, fingiendo que doy a Leonor ayuda.

(Leonor, como quien pide auxilio.)

Leonor	¡Belisa!
Belisa	¡Duque, soltad!

(Despártelos; pero aprieta la mano al Duque en señal de inteligencia.)

Duque	¿Tú mis intentos repugnas?
Belisa	Si a emprender atrevimientos os anima por ventura ver que no hay hombres en casa que a darnos socorro acudan
Celia (Aparte.)	(Bien le advierte.)
Belisa	Si el estar en la plaza toda junta la villa os pone osadía para hazañas tan injustas, valor tenemos las tres para impedir vuestra injuria. Frágiles son nuestros brazos; mas no nuestras lenguas mudas. Voces daremos al viento...
Celia (Aparte.)	(Al viento.)

Belisa ...que el cielo escucha
si los humanos oídos
las fiestas agora ocupan.

Duque (Aparte.) (No hay que esperar; que Belisa
con sus razones agudas
del poco riesgo me advierte
mientras de osado me acusa,
y en tanto que me amenaza,
me anima con señas mudas;
que apretándome la mano
desmiente lo que pronuncia.)
Belisa, a un rigor tan largo,
a una condición tan dura,
ni hay amor que la resista
ni paciencia que la sufra.

(Llégase a Leonor para abrazarla.)

Y así, pues eres discreta,
no te espante que reduzga
a violenta ejecución
dilaciones tan injustas.

Leonor ¿Qué es esto, duque? ¡Escuchad!
¡Belisa!

Belisa ¡Qué gran locura!

Leonor ¡Celia, ayudadme las dos!

Duque En vano remedios buscas.

(Belisa habla aparte a Celia.)

Belisa
Yo me finjo desmayada,
Celia, por no darle ayuda;
tú finge otra cosa.

Celia
¡Vaya!

(Belisa, fingiendo que se desmaya, se retira haciendo extremos, y se deja caer fuera de la escena.)

Leonor
¡Ah, traidoras! ¡Que ninguna
me socorre!

(Celia llega como a ayudar a Leonor.)

Celia
Desmayada
Belisa la tierra ocupa;
pero yo basto. ¡Apartad!

(Apártase ella poniéndose las manos en los ojos.)

¡Muerta soy! ¡Qué desventura!
¡Con los dedos me ha quebrado
los ojos! ¡Ay, triste! ¡Nunca
(Aparte.)
te diera favor! (Por Dios,
que habéis de beber la purga.)

Leonor
¡Favor!

Celia
¡Confesión!

(Leonor se entra huyendo del Duque, que la persigue; Celia se va también por otro lado. Sale don Enrique, sin espada y con un brazo sostenido en una banda y Tristán.)

Enrique   ¡Ay, cielos!
                          Doña Leonor pide ayuda.
                          Dame esa espada.

(Sácale la espada a Tristán y éntrase.)

Tristán   ¡Que siempre
                          has de andar en aventuras!

(Sale Leonor, con las faldas recogidas, huyendo y Tello, que le sale al encuentro.)

Leonor   ¡Ay de mí!

Tello   Leonor, ¿qué ha sido?

Leonor   Vencerme el duque intentó
                          por fuerza, y Enrique entró
                          a tiempo que lo ha impedido.

(Salen el Duque y don Enrique, acuchillándose, y Belisa y Celia deteniéndolos.)

Duque   ¿Sabéis dónde habéis entrado?

Enrique (Aparte.)   (¡El duque es!)

Duque   ¿Sabéis quién soy?

Enrique   Bien lo sé; pero ya estoy
                          con justa causa empeñado.

Duque	¡Muera el que se me ha atrevido!
Leonor	¡Viva el que guardó mi honor!
Tello (Aparte.)	(Si es el uno mi señor,
	el otro también lo ha sido.
	Uno mi dama ha guardado,
	a otro debo lo que soy.)

(Sale el Marqués.)

Marqués	¿Que es lo que mirando estoy?

(Tristán le habla al oído al Marqués.)

Tristán	¡A qué buen tiempo has llegado!
	Da favor a tu pariente.

(Saca la espada el Marqués.)

Marqués	Duque, enfrenad el furor.
Duque	¿Aquí estáis vos? Mi rigor
	es fuerza que se acreciente;
	que pues mi amor no ignoráis,
	habéis de ver —¡vive Dios!—
	que es vedada para vos
	esta casa que pisáis.
Marqués	Yo he de servir a Leonor
	si al mundo todo pesare.

(Acuchíllanse.)

Duque   Si mi espada no cortare
               las alas a vuestro amor.

(Métese en medio Leonor.)

Leonor   ¡Duque, Marqués, reportad
               el furioso desatino,
               o por mi pecho el camino
               para los vuestros buscad!
                    ¿Qué es aquesto? ¿Por ventura
               es quererme, es obligarme
               destruirme e infamarme
               con tan extraña locura?
                    ¿Así me estimáis? ¿Acaso
               sois alguna parte aquí?
               ¿Como litigáis por mí
               sin consultarme en el caso?
                    El fin de vuestra porfía,
               el conquistar mi beldad,
               ¿está en vuestra voluntad,
               o ha de nacer de la mía?

Enrique   Dice bien.

Belisa   Tiene razón
               doña Leonor, y era justo
               que fuese solo su gusto
               juez de esta disensión.
                    Ella declare su intento,
               y al que escoja la podrá
               servir.

Leonor   Lo demás será

coger en redes el viento.

Duque (Aparte.)   (Pues esto ha de ser al fin,
ganar por la mano es justo
en obligarla.) Tu gusto
tiene mi amor por su fin.
    Leonor, tu sentencia espero;
en mis servicios me fío.

Marqués   En tu gusto vive el mío.
(Aparte.)   (Con esto obligarla quiero.
    Demás que voy confiado,
pues hoy me ha favorecido,
y el duque es aborrecido,
si Celia no me ha engañado.)

Leonor   De modo que prometéis
que a mi gusto y elección,
sin hacer contradicción,
ambos obedeceréis.
    ¿Cumpliréislo así los dos?

Marqués   Que lo cumpliré aseguro
como quien soy.

Duque   Yo lo juro,
Leonor, al cielo y a vos.

Leonor   Pues tan confiada estoy
supuesto que es ley forzosa
vuestra palabra, de esposa
a Tello la mano doy.

Marqués   Es engaño.

(Aparte al Marqués.)

Leonor   Yo he de ser
       del duque si lo impedís.

Duque   ¡Leonor!...

(Aparte al Duque.)

Leonor   Si contradecís,
      al Marqués he de escoger.

Marqués (Aparte.) (Tello la goce marido,
      y no el duque vencedor.)

Duque (Aparte.) (Dársela a Tello es mejor
      que ser del Marqués vencido.)
       Dale la mano.

Tello   Señor...

(Aparte a Tello.)

Leonor   Dala, o al Marqués escojo.

Duque   O apercíbete a mi enojo,
      o a lo que manda Leonor.

(Aparte a Tello.)

Leonor   Bien con esto se asegura
      tu celoso devaneo.

Tello (Aparte.)   (¡Que a lo mismo que deseo
                                 me obliguen! Todo es ventura.)
(Dale la mano.)   La mano a Leonora doy,
                                 y los pies al duque pido.

Duque   Levanta.

Enrique   Amigo querido,
                                 de tu dicha alegre estoy.

Tello   Pues a ti la debo, es justo.

Enrique   Tú, pues, Tello, y tú, Leonora,
                                 pues sabes que me es deudora
                                 de tu vida y de su gusto,
                                     con Belisa habéis de hacer
                                 que galardone mi amor.

Belisa   A no haber sido traidor
                                 no lo hubieras menester.

Enrique   ¿Yo traidor?

(Belisa le muestra un papel.)

Belisa   ¿Quién escribió
                                 este billete?

Enrique   El Marqués
                                 a Leonora, y Tristán es,
                                 Belisa, quien lo llevó.

Belisa   ¿Cuatro noches ha, infiel,
                                 no la requebraste?

Enrique	Sí;

mas ser el duque fingí,
porque me hablaba por él.

Belisa ¿Cómo a verme no has venido,
no yendo a los toros hoy?

Enrique Porque, pues lo viste, estoy
desde aquella noche herido.

Belisa Basta; satisfecha quedo.

Leonor Acaba, Belisa mía.

Tello Haz ya del todo este día
venturoso.

Belisa Ya no puedo
resistir. La mano doy.

Enrique Yo el alma y la mano.

Marqués Y yo,
duque, os la doy, pues cesó
ya la ocasión.

Duque Vuestro soy.
Y pues serviros procura
el autor, noble senado,
si hoy no os hubiere agradado,
dirá que todo es ventura.

Fin de la comedia

Libros a la carta

A la carta es un servicio especializado para
empresas,
librerías,
bibliotecas,
editoriales
y centros de enseñanza;
y permite confeccionar libros que, por su formato y concepción, sirven a los propósitos más específicos de estas instituciones.

Las empresas nos encargan ediciones personalizadas para marketing editorial o para regalos institucionales. Y los interesados solicitan, a título personal, ediciones antiguas, o no disponibles en el mercado; y las acompañan con notas y comentarios críticos.

Las ediciones tienen como apoyo un libro de estilo con todo tipo de referencias sobre los criterios de tratamiento tipográfico aplicados a nuestros libros que puede ser consultado en Linkgua-ediciones.com.

Linkgua edita por encargo diferentes versiones de una misma obra con distintos tratamientos ortotipográficos (actualizaciones de carácter divulgativo de un clásico, o versiones estrictamente fieles a la edición original de referencia).

Este servicio de ediciones a la carta le permitirá, si usted se dedica a la enseñanza, tener una forma de hacer pública su interpretación de un texto y, sobre una versión digitalizada «base», usted podrá introducir interpretaciones del texto fuente. Es un tópico que los profesores denuncien en clase los desmanes de una edición, o vayan comentando errores de interpretación de un texto y esta es una solución útil a esa necesidad del mundo académico.

Asimismo publicamos de manera sistemática, en un mismo catálogo, tesis doctorales y actas de congresos académicos, que son distribuidas a través de nuestra Web.

El servicio de «libros a la carta» funciona de dos formas.

1. Tenemos un fondo de libros digitalizados que usted puede personalizar en tiradas de al menos cinco ejemplares. Estas personalizaciones pueden ser de todo tipo: añadir notas de clase para uso de un grupo de estudiantes, introducir logos corporativos para uso con fines de marketing empresarial, etc. etc.

2. Buscamos libros descatalogados de otras editoriales y los reeditamos en tiradas cortas a petición de un cliente.

Printed in Poland
by Amazon Fulfillment
Poland Sp. z o.o., Wrocław

69305512R00079